Galaadriel Flammini und Robert Hasinger
Aura-Soma – Der Weg von Licht und Farbe

Galaadriel Flammini und Robert Hasinger

AURA-SOMA

– Der Weg von Licht und Farbe –

Aquamarin Verlag

Titel der italienischen Originalausgabe:
Aura Soma – la terra promessa della guarigione
© Edizioni Mediterranee • Roma

1. Auflage 2001
© Aquamarin Verlag
Voglherd 1 • D-85567 Grafing

Umschlaggestaltung: Annette Wagner
Druck: Ebner • Ulm
ISBN 3-89427-164-7

Wir widmen dieses Buch Aurin und Clarisse,
damit sie sich immer erinnern mögen,
dass die Schönheit der Seele
in jedem Lebewesen zu finden ist.

INHALT

VORWORT

Ich kenne Galaadriel und Robert seit vielen Jahren und konnte mich oft von ihrer Professionalität überzeugen. In dieser Zeit ist es extrem wichtig für Aura-Soma, dass Menschen wie sie, die über eine vertiefte Kenntnis der körperlichen Energiesysteme verfügen, ihr Verständnis vom Wesen der Menschen mit den anderen teilen können.

Ich bin zutiefst dankbar und erfreut darüber, dass durch dieses Buch die Möglichkeit vermittelt wird, in die Geheimnisse von Aura-Soma einzudringen.

Zurzeit werden weltweit viele Informationen über Aura-Soma verbreitet. Als Wächter über das rechte Verständnis dieses Systems kann ich sagen, ich freue mich, dieses Buch, das Sie gerade in der Hand haben, zu unterstützen. Ich spüre, wie die hohe Qualität der Arbeit von Robert und Galaadriel aus ihrem Herzen kommt.

Mike Booth

EINLEITUNG

Wir glauben, heute mehr als je zuvor, dass ein Buch, wenn auch keine Antworten, so doch Hinweise geben, zum Nachdenken anregen und Informationen mitteilen kann. Genau das wollen wir mit dem vorliegenden Buch erreichen. Dazu wollen wir unseren Lesern von den Erfahrungen berichten, die wir in zwanzig Jahren auf dem Gebiet der Heilung gesammelt haben. Auch wenn wir alle potentiellen Leser erreichen möchten, wird dieses Buch jedoch nur diejenigen interessieren, die verstanden haben, dass die Arbeit an sich selbst und die spirituelle Suche an die Evolution des Lebens und an das Bewusstsein gebunden sind, dass die Schwingungen des Planeten selbst sich in dem gleichen Maße wie unsere eigenen Schwingungen erhöhen.

Aura-Soma ist mit der Erhöhung der Schwingungen und der Arbeit mit feinstofflichen Energien verbunden.

Alles nimmt seinen Anfang in der Schönheit, die ihrerseits wiederum für die Ausdehnung des Bewusstseins sorgt.

Wenn wir uns also von etwas angezogen fühlen, weil es uns sehr schön zu sein scheint, so wird alles klarer und beginnt zu leuchten. Es nimmt unsere Aufmerksamkeit gefangen. Die Gedanken gleiten beiseite oder verschwinden ganz, während das Objekt unseres Interesses an Farbe gewinnt und zu schillern beginnt. Unsere Augen schauen und werden erfüllt. Sie empfangen etwas und unser Bewusstsein dehnt sich aus. Es macht immer mehr Platz für das, was angeregt wird und danach drängt, alte Erinnerungen, Wahrnehmungen, Verwirklichungen und neue Klarheiten zum Vorschein zu bringen. Aura-Soma stellt uns diese Schönheiten im Zusammenhang mit der Energie der Edelsteine, Kristalle und Kräuter vor; es lädt uns ein zu einer Reise der Heilung, einer Reise zu uns selbst, einer Reise zum richtigen Platz in der kosmischen Schöpfung, die uns umgibt.

Dieses Buch will nichts anderes sein als eine Einladung zur Heilung.

1. WAS IST AURA-SOMA

Aura-Soma entstand als eine Synthese der Heilung zu Beginn der achtziger
Jahre durch Vicky Wall, eine englische Apothekerin mit fünfzig Jahren
beruflicher Erfahrung, die aktiv zur Heilung dreier Generationen beige-
tragen hatte. Sie war die siebte Tochter eines siebten Sohnes, eine
Esoterikerin mit großem Sinn für Humor und einem ausgeprägten Sinn
für das Praktische. Vicky hat ein ganzes Buch darauf verwendet, die Entdeckung von Aura-Soma und ihr faszinierendes, Gott gewidmetes Leben
zu beschreiben.[*]

Aura-Soma verbindet die Heilkräfte dreier Reiche - Farbe und Licht,
Pflanzen und Minerale. Es besteht im Wesentlichen aus vier Hauptmitteln
- den Equilibrium-Ölen, den Pomandern, den Quintessenzen und den
Tinkturen.

Die Equilibrium-Öle

Die Equilibrium-Öle sind aus zwei Bestandteilen zusammengesetzt - die
obere Hälfte ist aus öliger Basis, die untere aus wässriger. Die beiden
Hälften können die gleiche Farbe oder verschiedene Farben besitzen. Vicky
Wall ist es als Erster gelungen, in einer einzigen Konfektion die wässrigen
Auszüge der Pflanzen (ihren Extrakt) mit den öligen (den Essenzen) zu
verbinden. Doch nicht nur das - jedes Equilibrium-Öl enthält die von
den Pflanzen, in denen sie verborgen waren, freigegebenen Energien der
Farben und des Lichts sowie die Energien der Kristalle, die der jeweiligen
Farbe zugeordnet sind und durch eine streng geheime kabbalistische For-

---

[*] Vicky Wall, Das Wunder der Farbheilung, Frankfurt 1986

mel auf die Öle übertragen werden. Die Equilibrium-Öle sind völlig natürlich und enthalten keinerlei chemische Zusätze. Daher sind sie ein Ausdruck der lebendigen Natur in einer Form, die für uns Menschen zugänglich ist.

Es gibt über hundert Farbkombinationen im Aura-Soma-System, und ihre Anzahl steigt weiter. Jedes Öl drückt eine besondere energetische Konstellation des Individuums und der gesamten Menschheit aus. Daher kann man sich vorstellen, dass die Zahl der Kombinationen mit der Entwicklung des menschlichen Bewusstseins weiter ansteigt.

Die Equilibrium-Öle sind der Teil von Aura-Soma, der direkt auf den Körper angewendet wird. Ursprünglich hatte Vicky sie als einfache Kosmetiköle gesehen. Erst im Laufe der Zeit wurden die außerordentlichen Heilkräfte der Öle sichtbar.

Jede Farbkombination hat besondere Eigenschaften und ist bei speziellen energetischen Situationen angezeigt.

Die Pomander

Die Pomander dienen zum Schutz und zur Kräftigung unserer Aura oder unseres Energiefeldes. Sie schützen und nähren unsere feinstofflichen Körper, die ebenso wie unser physischer Körper Nahrung benötigen. Auf Grund der Erfordernisse der heutigen Zeit haben nur wenige von uns die Möglichkeit, ihrem feinstofflichen Körper die Art von energetisch-spiritueller Nahrung zuzuführen, die er benötigt. Auf diesem Gebiet erweist sich der Pomander als äußerst wertvoll, wenn wir einmal an all die negativen Faktoren denken, denen wir ausgesetzt sind - die Luftverschmutzung, die energetischen Wellen des Leides und der Aggressivität, die den Planeten umgeben, oder die elektromagnetischen Emissionen. Alles dies ist zwar unsichtbar, aber keinesfalls harmlos.

G.I.Gurdjieff, der große, erleuchtete Meister, der zu Beginn des letzten Jahrhunderts lebte, stellte die Behauptung auf, alle Krankheiten und Leiden seien nichts anderes als die Folge mangelnder Ernährung unseres spirituellen Körpers, und von dieser Ernährung hinge sogar die Dauer eines Lebens ab (*). Bereits fünftausend Jahre vorher wiesen uns die Weisen des antiken China auf die Bedeutung der feinstofflichen Nahrung für ein langes Leben hin. Angesichts dieser Tatsachen können wir die Vision Vicky Walls noch auf einer tieferen Ebene teilen. Ihr ist es zu verdanken, dass wir heute mit den Pomandern über ein wertvolles Instrument für unser körperlich-spirituelles Wohlbefinden verfügen.

Die Quintessenzen

Die Quintessenz oder das Herz einer Essenz ist der Extrakt, der essentieller als das Essentielle ist - ein Träger der Meisterenergie. Die Meister personifizieren die höheren Energien. Ohne diese Energien könnte keiner von uns, weder in der Vergangenheit noch in der Zukunft, irgendeinen Fortschritt auf dem Weg des spirituellen Wachstums, der Suche nach dem Glück und der Heilung erreichen. In der Antike, zur Zeit des Alten Testamentes, als die Bibel noch als Buch der Mysterien und nicht als eine Art Katechismus verstanden wurde, wandten sich die Menschen mit Hilfe der Heerscharen der Engel an die Meister. Heute fällt es dem modernen Menschen leichter, sich durch die Energie der Meister mit den höheren Energien in Verbindung zu setzen. Die Energie der Meister existiert seit dem Urbeginn der Zeiten und wird immer da sein. Die Namen und Persönlichkeiten können wechseln, aber die Energie der Meister ist ewig, wie der Weg des Menschen auf seiner Suche nach dem Glück. Hinter jedem Phänomen oder Ereignis, das wir als Hindernis empfinden, hinter jedem Stück Blei liegt der Weg eines Meisters, gibt es eine Lösung auf höchster Ebene, das Gold der Alchemisten. Leider vergessen wir das nur allzu leicht; aber die Quintessenz dient dazu, uns zu erinnern. Sie hilft uns, die höhere Energie wieder wach- oder anzurufen, uns ihr zu nähern, um die bestmöglichen Lösungen zu finden. Das Ritual zum Gebrauch

---

* G.I. Gurdjieff, Beelzebubs Erzählungen, München 2000

einer Quintessenz ist einfach; niemand kann es besser beschreiben als Mike Booth in seinem "Aura-Soma-Handbuch".

Die Tinkturen

Die Tinkturen sind, um es mit den Worten von Vicky Wall auszudrükken, „der Wunder-Teil" des Aura-Soma-Systems.

Physisch gesehen sind die Tinkturen farblose Lösungen; sie sind jedoch auf unsichtbarer Ebene mit der Energie der Farben imprägniert. Mit Hilfe der „Kirlian-Photographie" enthüllen sie jedoch ihre ganze energetische Aufladung und leuchten in allen Regenbogenfarben.

Es gibt aber noch einen weiteren Aspekt. Die Tinkturen können innerlich eingenommen werden. Auf diese Weise ermöglichen sie eine Stimulierung des physischen Körpers von innen heraus. Sie werden praktisch dazu benutzt, eine bestimmte Farbe zu verstärken oder zuzuführen, die der Mensch gerade benötigt.

2. WAS IST HEILUNG

Was verstehen wir wirklich unter „Heilung"?
Wir müssen davon ausgehen, dass die Bedeutung eines Begriffs je nach der Person, die ihn benutzt, verschieden ist. Ein einfaches Beispiel dafür ist das Wort „Glück". Wenn wir zehn verschiedene Personen danach fragen, was das Wort „Glück" bedeutet, werden wir mit Sicherheit zehn verschiedene Antworten erhalten. Natürlich können wir uns an die Definition halten, die wir im Wörterbuch finden, denn daran haben ja viele kompetente Wissenschaftler mitgearbeitet; es handelt sich aber dabei schlichtweg um eine abstrakte Bestimmung ohne irgendeinen Wert für die wirkliche Kommunikation zwischen Menschen. Generell müssen wir diese Tatsache als gegeben hinnehmen und sie im Auge behalten, damit wir die Grenzen unserer Kommunikation erkennen können. Für bestimmte Wörter jedoch ist nicht nur eine Definition nötig, sondern auch eine Erklärung. Der Begriff „Heilung" gehört gewiss dazu. Daher unsere Frage: „Was ist eigentlich Heilung?"

Heilung als Instrument

Heilung hängt mit einem Zustand der Ganzheit, der Vollständigkeit oder einem ursprünglichen Zustand zusammen. Wenn wir uns heute in den Finger schneiden, und sei es auch nur mit einem Stück Papier, so wird dieser Finger nach Heilung verlangen. Das heißt, dass er in seinem momentanen Zustand nicht optimal funktioniert und dies nicht sein ursprünglicher Zustand ist. Wenn die Wunde am Finger abgeheilt ist und wir ihn erneut benutzen können, sagen wir, der Finger ist geheilt. Auch wenn noch eine kleine Narbe zu sehen ist, würden wir diesen Finger als geheilt bezeichnen. An diesem kleinen Beispiel können wir etwas sehr Interessantes lernen - offensichtlich ist Heilung eher auf ein perfektes Funktionieren als auf einen ästhetischen Aspekt ausgerichtet. Anscheinend ist sowohl für uns als auch für die Natur das Funktionieren wichtiger als das Aussehen oder die Ästhetik. Mit anderen Worten: Zuerst kommt die Funktion, dann der äußere Aspekt. Was könnten wir auch mit einem wunderschönen Auto anfangen, wenn es nicht fährt? An diesem Punkt geraten viele in Verwirrung, wobei sie das Wirkungsfeld der Heilung einschränken. Nach allgemeiner Auffassung kann z.B. eine Person, die mit nur einem Arm geboren wird, nicht geheilt werden. Aber vielleicht bedarf sie auch gar keiner Heilung. Diese Person müsste sich einfach in ihr Schicksal ergeben; sie könnte jedoch eine Prothese des bestmöglichen Modells benutzen. Das ist die Art, wie Menschen mit diesen Problemen üblicherweise behandelt werden.

Heilung und Zeit

In Wirklichkeit sieht die Sache aber ganz anders aus: Dieser Mensch wird mit einem riesigen Bedürfnis nach Heilung geboren. Es ist offensichtlich, dass dieses Individuum vom Zustand der Ganzheit weit entfernt ist. Es ist aber auch klar, dass man alles dafür tun muss, es dem Zustand der körperlichen Vollkommenheit so weit wie möglich anzunähern. Außer dem körperlichen Handikap muss man berücksichtigen, dass dieser Mensch mit einer tiefen emotionalen und spirituellen Wunde auf die Welt kommt, die erst im Laufe der Entwicklung dieses Individuums, mit der Zeit, ihre Notwendigkeit der Heilung zeigen wird. Hier können wir einen zweiten Faktor erkennen: Oft zieht sich eine Heilung in der Zeit hin. Sie betrifft verschiedene Wirklichkeits-Ebenen des Menschen, daher handelt es sich um einen fortlaufenden Prozess!

Bleiben wir bei unserem Beispiel: Das Kind, das mit nur einem Arm geboren wird, benötigt zunächst einmal einen Chirurgen, der alles in seiner Macht stehende dazu tut, um es der körperlichen Ganzheit näher zu bringen. Erst im Laufe der Zeit werden sich die anderen Wunden, die anderen Notwendigkeiten der Heilung zeigen. Diese Wunde wird aufgerissen durch die Erkenntnis, weit von einer Vollkommenheit entfernt zu sein. Kurz gesagt: Zunächst einmal fehlt der zweite Arm dem einarmigen Kind nicht; erst wenn es sieht, dass die Eltern und Geschwister zwei Arme haben und es selbst nur einen, beginnt sich die emotionale Wunde zu manifestieren. Sie wird sich im Laufe der Zeit durch die Kommentare und unbewussten Blicke der anderen Kinder und der Erwachsenen vertiefen. Im Laufe der Zeit wird all dies dem Kind, dem Jugendlichen, dem Erwachsenen eine spirituelle Wunde zufügen. Dieser Mensch wird seinen Zustand als eine von Gott und dem Universum auferlegte Ungerechtigkeit empfinden. Das kann Groll und Entfremdung von der Quelle dieses Zustands, also von Gott und dem Universum, mit sich bringen. Da es aber unmöglich ist, sich von dem, was uns geschaffen hat, zu distanzieren, sind die Folgen verheerend. Die spirituelle Wunde führt zu schrecklichem Leid.

Spirituelle Heilung

Jeder von uns hat mit Menschen zu tun, die an schweren körperlichen Behinderungen leiden. Natürlich bedeutet es eine schwere Last, mit einem derartigen Handikap zu leben. Wer gesund ist, kann diese Dimension absolut nicht einschätzen.

Jeder von uns hat schon einmal verschiedene Reaktionen bei diesen Menschen erlebt. Der eine stößt uns ab, ein anderer ist nicht nur nicht abstoßend, sondern zieht uns sogar an. Das, was uns abstößt, ist die spirituelle Wunde, je größer sie ist, desto mehr fühlen wir uns abgestoßen. Was uns hingegen anzieht, ist die Abwesenheit der Wunde oder, was uns noch mehr fasziniert, die Narbe, die diese Wunde hinterlassen hat. Das bedeutet, wir nehmen die spirituelle Wunde als geheilt wahr. Warum ist das so? Schlicht und einfach, weil es für eine spirituelle Wunde nur eine Art von Heilung gibt - die Selbstheilung. Nur die Person selbst kann eine solche Wunde heilen; und es ist die Fähigkeit zur Selbstheilung, die uns so fasziniert. So erklärt sich das Phänomen des Astrophysikers Hawking, der mit einer furchtbaren Behinderung leben muss, oder von Künstlern, die in Ermangelung der Hände mit den Füßen malen. Hier lernen wir einen dritten, sehr wichtigen Faktor kennen: Eine vollzogene Heilung ermöglicht die Entwicklung von Fähigkeiten, die wir sonst nicht hätten entfalten können. Im Tierreich ist das nur zu deutlich zu sehen, wenn etwa bei Wölfen oder Elefanten das Leittier oft Narben von alten Wunden hat. Die Biologen behaupten, diese Tiere würden wegen der Kraft respektiert, die sie in Kämpfen gezeigt hätten. In Wirklichkeit liegen die Dinge jedoch anders. Tatsächlich respektieren die anderen dieses Tier wegen seiner Fähigkeit zur Selbstheilung und Rückführung der erlittenen Verletzungen in einen Zustand des vollkommenen Funktionierens, womit es seine Anpassungsfähigkeit an die Umgebung und seine Überlebensfähigkeit beweist.

Heilung und Bewusstheit

Kehren wir zu unserem Beispiel des verletzten Fingers zurück. Trotz aller Vorsichtsmaßnahmen ist es passiert: Wir haben uns in den Finger geschnitten. Was können wir also in diesem Moment tun, um ihn zu heilen? Das wichtigste ist vor allem, dass wir uns unserer Verletzung bewusst werden und darüber, dass wir Heilung benötigen. Wie kann ich die für die Heilung notwendigen Schritte unternehmen, wenn ich den Schnitt nicht bemerke?

In Wirklichkeit jedoch geschieht die Heilung des Fingers auf eine wundersame Weise, die absolut außerhalb unserer Kontrolle liegt.

Die Natur ist extrem tüchtig, aber sie setzt wenig Vertrauen in uns. Sie kann es daher nicht riskieren, uns wesentliche Funktionen wie das Atmen, den Herzschlag oder eben die Prozesse der Heilung anzuvertrauen. Wenn wir sogar den Geburtstag unserer Mutter vergessen, ist anzunehmen, dass wir auch vergessen würden, unseren Finger zu heilen. Die

Natur hingegen wartet nicht lange auf uns, sie handelt sofort. In diesem Sinne hängt die Heilung nicht von uns ab. Alle lebenden Systeme tendieren zur Heilung, zum Gleichgewicht und zur Vollkommenheit. Unser freier Wille kann nicht mit dem Heilungsprozess an sich in Konflikt geraten. Andererseits ist es klar, dass ich, wenn ich mir meines Heilungsbedürfnisses nicht bewusst bin, kaum der Natur bei ihrer selbstverständlichen Arbeit der Heilung helfen kann. Einfache Dinge können sogar heilen, ohne dass wir es bemerken, aber je subtiler die Faktoren werden, desto unverzichtbarer wird unsere Bewusstheit. Im Gegenteil, je mehr wir uns dem Gebiet des Emotionalen und Spirituellen nähern, umso mehr betreten wir ein Gebiet, auf dem unsere Bewusstheit über unser Bedürfnis nach Heilung und über die Tatsache, dass die Dinge nicht so sind, wie sie sein sollten, einen großen Einfluss über den Fortschritt des Heilungsprozesses gewinnt.

Was behindert oder begünstigt eine Heilung

Das einzige, was wir in Wirklichkeit tun können, ist, die Heilung zu behindern oder zu begünstigen. Wenn wir nicht bewusst sind, wird es sehr schwierig, sie zu begünstigen, und wir werden sie im Gegenteil sicher behindern. Das Beispiel des Fingers zeigt es deutlich. Wenn wir die Wunde gut behandeln, sie sauber halten und mit einem Pflaster schützen, wird die Heilung begünstigt und erfordert weniger Zeit. Wenn wir die Wunde schlecht behandeln, weil wir vielleicht gar nicht gemerkt haben, dass wir verletzt sind, dauert die Heilung länger. Sie könnte sich sogar als unmöglich erweisen. Es ist unsere Wirklichkeit. Es liegt in unserer Macht: Wir können der Heilung nachhelfen, indem wir die Hindernisse aus dem Weg räumen oder sie noch stärker behindern. Das gilt für jede Art von Heilung oder Behandlung. Der Neurochirurg, der philippinische Heiler, der Schamane in Amazonien - sie alle tun nichts anderes, als die Hindernisse, die der Selbstheilung im Wege stehen, zu beseitigen.

Es ist einfach, die notwendigen Schritte zur Heilung einer Schnittwunde am Finger zu unternehmen. Das können wir alle. Grundsätzlich gilt dasselbe auch für die Mehrheit der körperlichen Probleme. Wie können wir jedoch die Heilung einer emotionalen Wunde fördern, wenn z.B. eine geliebte Person uns aus eigener Initiative oder, schlimmer noch, auf Veranlassung durch die höheren Kräfte verlassen hat?

Wie heilt überhaupt eine emotionale Wunde? Sie heilt genauso wie alle anderen Wunden! Das kann jedoch nur geschehen, wenn wir uns einer Verletzung bewusst sind. Wenn wir im Gegenteil annehmen, alles sei „in Ordnung" oder im Fall der geliebten Person, die uns verlässt, behaupten, wir hätten sie gerade verlassen wollen oder andere nutzlose Rechtfertigungen erfinden, mit denen wir uns weismachen, wir seien nicht verletzt, dann wird die Heilung fast unmöglich. Aus diesem Grund gibt es so viele Menschen mit ungeheilten Wunden, obwohl seit der Entstehung dieser Verletzungen oft schon sehr viel Zeit vergangen ist.

Je subtiler und feinstofflicher eine Wunde ist, desto einfacher ist es, ihre Heilung zu behindern. Das größte Hindernis überhaupt ist jedoch die Unbewusstheit.

Wie können wir nun die Heilung einer emotionalen Wunde unterstützen? Vor allem, indem wir uns darüber klar werden, dass wir verletzt sind. Der Rest wird später vertieft werden.

Ist eine Heilung der spirituellen Wunden möglich? Unter den genannten Voraussetzungen ja, aber vor allem ist immer noch die Bewusstheit erforderlich.

Spirituelle Heilung und Erleuchtung

Auch die Heilung der spirituellen Wunden ist eine Selbstheilung. Wenn wir wirklich in der Lage wären, die Signale aufzufangen und zu erarbeiten, die uns im Alltag vom Universum oder von Gott gesendet werden, würde auch die tiefste spirituelle Wunde - sich vom Ganzen getrennt zu fühlen - ihren natürlichen Verlauf der Selbstheilung nehmen. Die Selbstheilung würde uns das bringen, was die Weisen und Meister aller Zeiten mit einem einfachen Wort bezeichnet haben - Erleuchtung.

Je subtiler eine Wunde, desto leichter ist es, ihre Heilung zu behindern; und wir sind große Meister darin, die Heilung unserer spirituellen Wunden zu behindern. Muss man sich an diesem Punkt noch darüber wundern, dass die erste Flasche im Aura-Soma-System „Spirituelle Erste Hilfe" heißt?

Heilung und Tod

Bleiben wir noch ein wenig auf dem Gebiet der spirituellen Heilung. Kurz zuvor haben wir davon gesprochen, wie die spirituelle Wunde durch die Vorstellung eines ungerechten Universums entsteht. Wenn ein Mensch im Sterben liegt, kann er leicht diese Wunde vergrößern, weil er den Tod näher kommen fühlt. Vergrößern heißt hier, die eigene Selbstheilung zu behindern. Er kann jedoch auch seine Selbstheilung unterstützen, indem er seinen Frieden mit dem Universum schließt und so zu einem völlig anderen Bewusstseinszustand gelangt.

Die in diesem Bewusstseinszustand erlebte Todeserfahrung hat gegen Ende der achtziger Jahre den Arzt und Psychologen Stephen Levine dazu angeregt, sein Buch „Heilung zum Leben und zum Tode" zu veröffentlichen, in dem er sich tief in diese Dimension versenkte.

Heilung ist viel mehr als nur körperliches Gesundwerden. Das erklärt den Kommentar einer Freundin, die ihre Mutter durch die letzten Monate ihres Lebens begleitete und vor allem mit Aura-Soma behandelte: „Meine Mutter ist gestorben und nicht vom Krebs geheilt worden, aber von vielen anderen Dingen."

Es ist diese Vorstellung der Heilung, mit der wir das neue Jahrtausend beginnen sollten.

Der Geheilte,
der Heiler und die Selbstheilung

Nach dem Konzept der Heilung bleibt uns noch eine Dimension zu klären, die jedoch nicht weniger wichtig ist. Wenn wir sagen, dass jede Heilung in Wirklichkeit eine Selbstheilung ist, was machen wir dann mit der Figur des Arztes, des Psychologen und des Heilers? Wie oft haben wir sagen hören: „X hat mich geheilt" oder „Y ist ein wahrer Heiler"?

Zur Klärung wollen wir noch einmal das zuvor Gesagte wiederholen. Ein Arzt, Psychologe oder Heiler tut nichts anderes, als die Hindernisse zu beseitigen, die der Heilung im Wege stehen. Die eigentliche Heilung nehmen wir selbst vor. Es ist eine Selbstheilung.

Es ist sehr wichtig, sich über diesen Gedankengang im Klaren zu sein, denn nur so können wir ein wenig von unserer Eigenverantwortung und unserer Kraft zurückgewinnen, ohne dabei weniger demjenigen dankbar zu sein, dessen Hilfe bei unserer Heilung wichtig, ja sogar unverzichtbar war.

Warum bestehen wir so sehr auf dieser Notwendigkeit, unsere Verantwortung wieder zu übernehmen und unsere Kraft wiederzuerlangen, die wir zu lange anderen überlassen haben?

Ganz einfach deshalb, weil die Möglichkeiten der Heilung und danach auch des Wachstums außerordentlich zunehmen, wenn wir uns unserer Kraft und Verantwortung bewusst sind. Auf diese Weise können wir einen weiteren qualitativen Sprung in unserer Evolution machen, mit dem wir aus der Ära der Technologie in die Ära der Harmonie und gegenseitigen Anerkennung unter den Menschen übergehen. Unsere Kraft wiederzuerlangen, unsere Verantwortung wieder zu übernehmen, ist wie ein vergessenes Bankkonto voller Millionen wieder zu entdecken.

Für einen Heiler dient die Kenntnis dieser Elemente dazu, eine unbedingt notwendige Demut zu bewahren. Diese Demut ist das Heilmittel und der beste Schutz gegen die Gefahren und Fallen, die auf unserem Weg des Heilens auf uns lauern. Die Kunst des Heilens ist sicher eine der faszinierendsten und schwierigsten Künste. Wir möchten jedoch an

26

Sigmund Freud, den Entdecker des Unterbewusstseins, erinnern, der im Zusammenhang mit dem Beruf des Arztes, Psychologen und Heilers sagte: „Das ist kein Beruf, sondern ein Symptom."

3. DAS NERVENSYSTEM

Will man Aura-Soma benutzen, um sich selbst oder andere zu heilen, so sind gewisse Grundkenntnisse der Strukturen des menschlichen Körpers unabdinglich. Man muss wissen, was vom Aura-Soma-System beeinflusst wird, um so die richtigen Mittel anwenden zu können.

Die wichtigste und umfassendste anatomische Struktur, über die wir verfügen, ist zweifellos das Nervensystem. Im Folgenden werden die beiden Teile des Zentralnervensystems behandelt, die wichtige Aufschlüsse über die Vorgänge der Heilung und der Bewusstwerdung liefern können sowie über die Art, in der auf individueller Ebene bestimmte Heilungsprozesse behindert werden.

Das Nervensystem - Anatomie und Konditionierungen

Jeder Mensch steht an einem bestimmten Punkt vor der grundlegenden Schwierigkeit - sich zu ändern. Wahrscheinlich stellt man dies immer zuerst bei anderen fest, und dann erst bei sich selbst. Warum ist es für den Menschen so schwer, sich zu ändern, wenn die gesamte restliche Natur sich offensichtlich in einem ständigen Veränderungsprozess befindet? Es gibt sicher mehrere Antworten auf diese Frage. In diesen Ausführungen wird versucht, einen Zusammenhang mit der anatomischen Struktur und dem organisatorischen Aufbau des zentralen Nervensystems zu finden.

Das Gehirn als Biocomputer

Die Funktion des Nervensystems ist einfach: Es empfängt Informationen, wertet sie aus und transformiert sie in neue Signale, die zu Impulsen für die Regulierung der Aktivitäten eines Organs oder zu komplexen Wahrnehmungen in unserer Bewusstheit werden können, wie der Eindruck eines wunderschönen Sonnenuntergangs oder ein Orgasmus.

Da das Nervensystem Daten ausarbeitet, kann man es in gewisser Weise mit einem Computer vergleichen. Diese Analogie erweist sich für einige Aspekte der nachfolgenden Überlegungen als nützlich.

Auf der Ebene der Numerologie ist der Mensch durch die Zahl fünf dargestellt. Fünf ist die Zahl des Menschen. Er hat auch fünf Sinne: Tastsinn, Sehen, Gehör, Geruchs- und Geschmackssinn. Dies lehrt etwas über die Bedeutung der fünf Sinne für die Existenz des Menschen. In menschlicher Form zu existieren heißt, durch die fünf Sinne zu leben.

Was sind jedoch diese fünf Sinne?

Sie sind Kanäle, durch die Informationen von außen empfangen werden. Das schließt nicht aus, dass Informationen auch noch durch weitere Sinne erhalten werden können (den sechsten und den siebten Sinn); diese haben jedoch keine anatomische Entsprechung und existieren daher für die offizielle Wissenschaft nicht. In diesem Kapitel soll es bei den Dingen bleiben, die über eine anatomische Entsprechung verfügen.

Tatsächlich empfängt das menschliche Gehirn seine Informationen von außen durch die fünf Sinne.

Die einzelne periphere Einheit (z.B. eine Tastzelle, die „fühlt") wird Rezeptor genannt. Jedes Sinnesorgan hat verschiedene Arten von Rezeptoren, die eine extrem feine Wahrnehmung möglich machen. Jeder Rezeptor empfängt Informationen, die er dann an die „Zentrale", das Gehirn, weiterleitet.

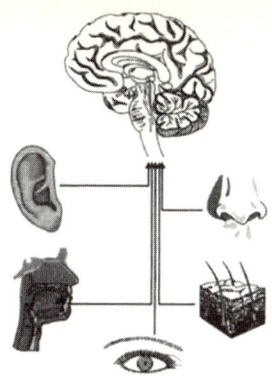

Abb. 1 • Das Gehirn und die Sinnesorgane

Es gibt über zweihunderttausend Rezeptoren, die bis zu 100 Signale in der Sekunde aussenden. Für das menschliche Gehirn bedeutet das eine Situation, die mit Millionen von Telefonanrufen vergleichbar ist, die alle gleichzeitig ankommen. Niemand kann so viele Anrufe simultan beantworten. Eine Zentrale einbauen? Mehr als das! Um dieses Verkehrsaufkommen zu bearbeiten und dabei keine wichtigen Informationen zu verlieren, reicht keine Zentrale. Ein Computer ist dazu erforderlich, und zwar kein einfacher PC, sondern ein Supercomputer! Den hat der Mensch also zur Verfügung. Wer? Jeder Mensch! Wo? In seinem Gehirn! Wie groß ist er? Er ist etwa zwei Zentimeter breit und drei Zentimeter lang. Wie heißt er? Dieser mächtige Supercomputer, der für die Verteilung aller Informationen sorgt, die über die fünf Sinne „hereinkommen", heißt „Thalamus" und entspricht der obigen Beschreibung.

Der Thalamus

Wie funktioniert also der Thalamus? Sehen wir uns einmal Abb. 2 an.

Er liegt zwischen der „Peripherie" (den Sinnesrezeptoren) und der „Großhirnrinde". Nur die bewussten Impulse kommen bei der Großhirnrinde an. Daher hat der Thalamus die Funktion, zu entscheiden, welche Impulse bewusst wahrgenommen werden oder, um das Beispiel fortzusetzen, welche Telefonanrufe bis zur „Zentrale" durchkommen. Es ist klar, dass nicht alle durchgestellt werden; aber die wichtigsten müssen in jedem Moment eintreffen können.

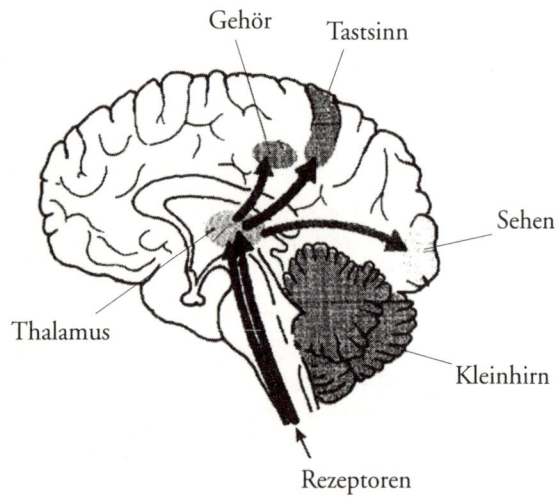

Abb. 2 • Die Lage des Thalamus

Nehmen wir ein praktisches Beispiel. Wenn wir uns ins Auto setzen, empfangen wir im gleichen Moment sehr viele Informationen vom Tastsinn, wie etwa über die Temperatur des Fahrersitzes, ob wir bequem sitzen usw. Wenn wir das Auto anlassen, wird die Zahl der Rezeptoren, die von der Tatsache unseres Sitzens aktiviert werden, gleich bleiben; wir erhalten jedoch jetzt auch unzählige Informationen durch die Augen und sind uns der Position der Füße sehr bewusst. Vielleicht spüren wir den Rücken nicht. Es kann sogar passieren, dass wir am Zielort ankommen, aus dem Auto aussteigen und dann erst bemerken, dass unser Hemd am Rücken verschwitzt ist.

Ein weiteres Beispiel: Während des „Liebesspiels" hören wir zuerst noch die Musik, den Lärm von der Straße usw. Nach einiger Zeit jedoch nehmen wir nichts mehr von all dem wahr, haben jedoch viele andere Empfindungen. Wenn wir diese besondere biologische Aktivität beendet haben, hören wir von neuem den Lärm usw.

So arbeitet also der Thalamus. Er hat eine extrem wichtige Aufgabe, die für das Überleben unabdingbar ist.

Das Programm des Thalamus

Wie erkennt jedoch der Thalamus in jeder einzelnen Situation, was wichtig ist und was nicht? Wer ein wenig Erfahrung mit Computern hat, weiß, dass sie hauptsächlich aus zwei Teilen bestehen - der Hardware (dem Apparat), oder in unserem Fall dem Gewebe, den Zellen usw. Die Software (das Programm) entscheidet, wie die Bestandteile der Hardware, die Zellen, zusammenarbeiten sollen.

Auch der Thalamus besitzt eine Software, ein sehr verfeinertes Programm der neuesten Generation. Nicht etwa eins dieser Billigteile, die immer gleich bleiben. Das Programm des Thalamus ist lernfähig und intelligent.

Aber wer lehrt die Benutzung dieses Programms? Hier wird die Sache wirklich interessant (wer sich bis hierher gelangweilt hat, wird noch um einen Moment Geduld gebeten), denn es folgt jetzt eine interessante Erklärung.

Die Programmierung des Thalamus

Natürlich hat bei einem Neugeborenen das Programm des Thalamus nur grundlegende Anweisungen, die wir alle von unseren Vorfahren geerbt haben. Wir betreten diese Welt, und zum ersten Mal werden unsere Sinne wirklich stimuliert. Der Thalamus beginnt sein Werk. Er erarbeitet die einlaufenden Daten; und er ist intelligent: Mamma schaut uns mit Liebe an - yammi yammi, viele schöne Empfindungen an die Großhirnrinde. Sie stillt uns, die Milch ist sehr gut, wir fühlen ihre Zuneigung, die Wärme, den Geruch - yammi yammi, viele schöne Empfindungen an die Großhirnrinde. Der Thalamus lässt sie gern durch, daher geht es auch.

Bis hierhin ist alles schön und gut.

Jetzt ändert sich die Szene. Wir sind ein bisschen größer. Auch unsere Eltern haben sich wirtschaftlich verbessert und einen neuen weißen Teppichboden für ihr Schlafzimmer angeschafft. Am Sonntagmorgen machen es sich die „Alten" gemütlich, mit Frühstück im Bett und allem, was dazu gehört. Papa ist ausgegangen, um die Zeitung zu holen, Mama duscht gerade. Wir sind im Schlafzimmer. Der Teppichboden ist wunderbar, ein wahres Vergnügen, darauf herumzukrabbeln.

Was ist das für eine faszinierende gelbe Flüssigkeit in dem Glas auf dem Nachtkommmödchen? Der Orangensaft, den Mama so gern mag. Jetzt sind wir dran! Toll, jetzt haben wir das Glas in der Hand! Und diese herrliche gelbe Sache bewegt sich mit der Hand! Yammi yammi, viele schöne Empfindungen an die Großhirnrinde!

Schau mal! Wenn wir die Hand noch ein bisschen schräger halten, fällt diese Flüssigkeit auf die Erde! Ein herrlicher gelber See ist auf dem schneeweißen Teppich entstanden. Das erfordert weitere Forschungsarbeit. Wir lassen uns wieder auf den Boden nieder - ahh, was für ein schönes klebriges Gefühl in unserer Hand! Und auch dieses Gelbe bewegt sich! Ich male eine wunderschöne gelbe Figur auf den weißen Hintergrund! Ekstase - yammi!!! yammi!!! viele ekstatische, herrliche Gefühle an die Großhirnrinde!

In diesem Moment schneidet eine wütende, harte Stimme wie ein Schwert durch alle unsere Empfindungen, durch unsere Essenz, durch unsere innerste Intimsphäre - das Gefühl, sterben zu wollen. „Was machst du da? Hör sofort damit auf!"

Mama ist aus der Dusche gekommen und hat noch ihr rosafarbenes Handtuch um den Kopf.

Schmerz, Schmerz, Schmerz, schlimme Empfindungen gehen an die Großhirnrinde. Mamas wütendes, unglückliches Gesicht, als sie den ruinierten Teppich sieht, für den sie auf mehr als ein Abendessen im Restaurant verzichtet hatte.

Schmerz, Schmerz, Schmerz, schlimme Empfindungen gehen an die Großhirnrinde.

Der Thalamus hat etwas dazugelernt. Er empfängt nicht gern Schmerz, teilt ihn nicht gern mit, und wird dafür sorgen, dass das, was da gerade geschehen ist, nicht wieder vorkommt. Die Lektion ist klar: Sich nicht der Freude, der Ekstase, dem Glück hingeben, sonst riskieren wir, dass wir Schmerz empfinden und die Leute, die wir lieben, unglücklich machen.

Konditionierungen

So kommt es dann, dass wir nie wieder einen Gelbton in dieser Intensität wahrnehmen; nie wieder werden wir dieser Art von Ekstase erlauben, uns zu durchdringen. Der Thalamus lernt und kontrolliert. Im Alter von etwa achtzehn Jahren wird unsere Empfindungs- und Genussfähigkeit und unsere Ekstase um mehr als 70% verringert sein. Unser Thalamus wird genau gelernt haben, was wir fühlen sollen oder nicht, weil so unser Verhalten kontrolliert wird. Alles, was in die Programmierung des Thalamus übersetzt wird, ist in seinen Zellen strukturiert und sehr schwer zu ändern. Dieses Programm oder diese Summe von Befehlen und Anweisungen hat in der modernen Psychologie einen einfachen Namen - Konditionierungen.

Ist es jetzt besser verständlich, warum es so schwer ist, sich zu ändern?

Das limbische System

Sehen wir uns nun einen weiteren Teil des Gehirns an, nämlich das limbische System.

Später werden wir sehen, wie wir die Kenntnisse über dessen anatomische Strukturen mit der Heilung im Allgemeinen und mit der Aura-Soma-Heilung im Besonderen verbinden können.

Das limbische System ist ein Gebilde im Zentrum unseres Gehirns (siehe Abb.3).

In der Geschichte der Evolution spielt es seit Urzeiten eine wichtige Rolle und hat seit jeher das Interesse der Wissenschaftler angezogen. Die Anatomisten der Vergangenheit sahen darin sogar den „Sitz der Seele" des Menschen.

Die Kommunikationsmöglichkeiten im Inneren des Gehirns, die dem limbischen System zur Verfügung stehen, sind wirklich unglaublich. Es kann direkt mit der Großhirnrinde kommunizieren (dieser Informationen werden wir uns dann bewusst), es liegt sehr nahe bei der Zirbeldrüse, der wichtigsten Drüse des Hormonsystems, über deren Funktionen wir noch sehr wenig wissen. Sie ist jedoch für Vorgänge wie die Fortpflanzung verantwortlich (sie kontrolliert die Sexualdrüsen), das Altern (sie produziert Melatonin) und den Schlaf (und auch das „Erwachen" in jeder Hinsicht, da sie mit dem siebten Chakra verbunden ist!).

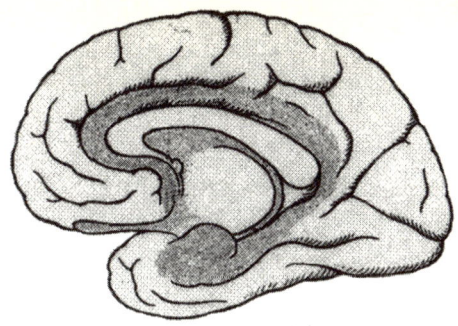

Abb. 3 • Die Lage des Thalamus

Die bisherige Untersuchung und die im Folgenden dargelegten Überlegungen führen zu der Annahme, dass das limbische System eine der wichtigsten Strukturen für die Verwaltung des „Gedächtnisses" darstellt, eine Art „Administration des Gedächtnisses". Die Zukunft wird zeigen, ob die wissenschaftliche Forschung diese Idee bestätigen wird.

Das limbische System ist praktisch mit allen wichtigen Strukturen des Gehirns verbunden.

Heute ist aus der Neurophysiologischen Forschung bekannt, dass das limbische System auf physiologischer Ebene auch die Kommandozentrale der Emotionen darstellt.

Der Geruchssinn

Wie bereits dargelegt, müssen alle Informationen, die durch die Sinnesorgane aufgenommen werden, die Kontrolle des Thalamus passieren, der auch „die Pforte zum Bewusstsein" genannt wird. Das stimmt jedoch nicht ganz. In Wirklichkeit entgeht zum Glück ein Sinn dieser Regel - der Geruchssinn. Die Informationen, die vom Geruchssinn kommen, gehen direkt ans Gehirn, ohne durch den „Filter" des Thalamus passieren zu müssen. Und wohin gehen sie? Direkt ans limbische System, durch das der Mensch eine unmittelbare Wirkung auf alle anderen Strukturen des Gehirns ausüben kann. Daher kann man sagen, dass der Geruchssinn der einzige nicht „konditionierbare" Sinn ist. Diese Überlegung ist sehr interessant. Heute weiß man, dass der Geruchssinn überaus wichtig für das Sexualleben des Menschen ist. In Wirklichkeit wählt man seinen sexuellen Partner mit Hilfe des Geruchssinns. Nicht die Faktoren, derer man sich bewusst ist (wie Schönheit, Sympathie, Liebe, Reichtum, Attraktivität, Leidenschaft) aktivieren den Willen, diese besondere biologische Tätigkeit auszuüben, sondern der Geruch des Partners stimuliert, wenn auch auf unmerkliche Weise. Er stellt gewissermaßen Grundvoraussetzungen dar. Hochinteressant ist auch, dass der Geruchssinn der feinste unter allen Sinnen ist. Die Augen, auch wenn sie perfekt funktionieren, können auf mehr als dreißig Meter Entfernung keine Zeitungsüberschrift mehr lesen (tatsächlich wird die Größe der Balkenüberschriften von diesem Kriterium bestimmt). Würde man jedoch die Ankunftshalle eines großen Flughafens betreten, der völlig leer ist, und jemand ließe einen Tropfen Rosenessenz fallen, so könnte man ihren Geruch wahrnehmen.

Sexualität und Geruch

Von der sexuellen Aktivität hängt das Fortbestehen der menschlichen Rasse auf diesem Planeten ab. Zahlreiche institutionalisierte Religionen haben stets versucht und versuchen es noch heute, den sexuellen Instinkt zu unterdrücken, aber es ist keiner von ihnen jemals gelungen. Es gelingt ihnen bei einigen Individuen, aber nie bei der „kritischen Masse"! Der Grund dafür liegt in dieser einfachen anatomischen Wirklichkeit.

Die Weisheit der Natur ist beeindruckend! Als während der Entwicklung der Säugetiere die Notwendigkeit auftrat, die Verarbeitung der von den Sinnen kommenden Signale einer bestimmten Struktur des Gehirns anzuvertrauen, beschloss die Natur bereits vor Millionen von Jahren, den

Geruchssinn aus dieser Kontrolle auszuschließen. Dieser Geruchssinn ist also für die sexuelle Aktivität und damit für das Überleben der menschlichen Rasse auf biologischer Ebene verantwortlich. Bereits vor Millionen von Jahren sah die Natur bereits die Tendenz dieses Organismus (des Menschen) voraus, der noch nicht einmal entstanden war - selbst seine grundlegendsten Funktionen zu unterdrücken!

Wer noch nicht von den Thesen über die Bedeutung des Geruchssinns für die Sexualität überzeugt ist, der sollte ein kleines Experiment zur Kenntnis nehmen, das von einer Gruppe amerikanischer Wissenschaftler durchgeführt wurde. Im Wartezimmer eines Gynäkologen, in dem fünfzehn Stühle zur Verfügung standen, wurde auf drei Stühlen eine Substanz mit männlichen Hormonen versprüht. Neunzig Prozent der Frauen, die den leeren Wartesaal betraten, wählten einen dieser drei Stühle, um sich hinzusetzen!

Geruchssinn und Heilung

Da der Mensch durch den Geruchssinn die Möglichkeit hat, direkt das limbische System zu beeinflussen und durch das limbische System wiederum die gesamte Person, ist es klar, dass sich damit sehr interessante Aussichten für die Heilung erschließen. Der Geruchssinn bietet die Möglichkeit, der Kontrolle des Thalamus zu entrinnen, oder besser gesagt, den Konditionierungen, die im Laufe der „Erziehung" entstanden sind, zunächst von den Eltern und danach von der Gesellschaft.

Mit Hilfe des Geruchssinns können jene Hindernisse ausgeschaltet werden, die der Heilung oder der Bewusstwerdung dessen entgegenstehen, dass Heilung nötig ist. Wie bereits erwähnt, besteht der erste Schritt zur Verwirklichung der Heilung darin, sich bewusst zu werden, dass Heilung benötigt wird.

Aura-Soma benutzt den Geruchssinn sehr ausgiebig durch den Einsatz der Pomander und Quintessenzen. Ihre Wirkung macht es sogar möglich, bestimmte Zonen ohne die Kontrolle des Thalamus zu stimulieren. Dies wird im zweiten Teil des Buches bei den praktischen Anwendungen im Detail beschrieben.

4. ENERGIE, LICHT UND FARBE

Bisher haben wir über die Bedeutung gesprochen, die einigen Konzepten über unsere physische und emotionale Struktur zukommt. Wir haben uns sozusagen auf den „Soma"-Teil von Aura-Soma bezogen. Nun werden wir uns mit dem „Aura"-Teil beschäftigen, also dem energetischen Aspekt, und wir werden sehen, dass die Verbindung zwischen diesen beiden Elementen sehr eng ist.

Auf den ersten Blick scheinen Energie, Licht und Farbe drei ziemlich verschiedene Dinge zu sein. In Wirklichkeit sind sie jedoch auf einer tiefen Ebene miteinander verbunden und werden vor allem von Aura-Soma gleichzeitig benutzt.

Wir können auch sagen, dass für unsere Überlegungen die Farbe den eher „materiellen" Teil dieser „Dreiheit" darstellt und als ein besonderer Bestandteil des Lichts gesehen wird.

Energie, Licht und Materie

Im Bereich der Esoterik, Spiritualität oder des „New Age" werden die drei Begriffe Energie, Licht und Materie oft angewendet. Aber in welcher Beziehung stehen diese drei Phänomene zueinander?

„Wie oben, so unten", lautet ein berühmter Lehrsatz, der seit Urzeiten benutzt wird. Wir finden ihn bereits in der kabbalistischen Tradition, der ältesten esoterischen Kultur, zu der wir durch die Schriften Zugang haben. Das heißt nicht, dass es nicht noch ältere esoterische Schulen gegeben hätte, wie die des antiken Ägyptens, Lemuria oder Atlantis; doch haben wir leider keine schriftlichen Zeugnisse über sie. Alles, was darüber existierte, wurde beim großen Brand der Bibliothek von Alexandria zerstört, die von den Überlebenden der Kultur von Atlantis gegründet worden war und aus der auch die Kultur des antiken Ägyptens entstand.

Wir werden das Konzept des „Wie oben, so unten" benutzen, um zu sehen, ob es uns dabei helfen kann, die energetische Phänomenologie besser zu verstehen. Dazu wollen wir zunächst einmal den Standpunkt der Wissenschaft zu diesen Phänomenen betrachten. Die Wissenschaft, die sich mit Energie, Licht und Materie beschäftigt, ist die Physik.

Welcher der großen Physiker kann dazu etwas sagen? Newton, Volta, Kopernikus? Sie haben sicher nützliche Informationen; aber diese reichen nicht aus, um die Verbindung zwischen Licht, Materie und Energie klar zu machen. Tatsächlich war die Physik lange Zeit - bis zum Beginn dieses Jahrhunderts - dieser Begrenzung unterworfen.

Zu Beginn des 20. Jahrhunderts gab es bereits verschiedene Konzepte, die die Phänomene von Energie, Licht und Materie (oder Masse) getrennt betrachteten. Aber es war noch niemandem die Idee gekommen, dass es zwischen ihnen eine Verbindung geben könnte.

Das Schicksal wollte es so, dass ein wirklich außergewöhnlicher Physiker - ein Großer unter den Großen - die Tatsache entdecken, verwirklichen und bekannt machen sollte, dass zwischen diesen drei Phänomenen eine tiefe Verbindung besteht.

In Wirklichkeit war diese Erkenntnis nicht nur eine Entdeckung, die durch einen intensiven Denkprozess zustande kam. Es handelte sich vielmehr um eine mystische Einsicht, die in einem Traum nach Monaten des gründlichen Reflektierens und Meditierens zur Verwirklichung kam.

Inzwischen ist es sicher schon klar, wer dieser Mystiker unter den Physikern war, der Riese unter den Riesen - Albert Einstein. Er hat nicht nur die tiefe Verbindung gesehen, die zwischen dem Licht, der Masse und der Energie besteht, sondern sie auch erfolgreich zum Ausdruck gebracht; nicht etwa in drei Büchern oder langen Abhandlungen, sondern in der synthetischsten und genauesten Sprache, die es gibt - der Mathematik. Sie ist die einzige wirklich universale, planetarische Sprache, die in jedem Land dieser Welt verstanden wird.

Albert Einstein hat also die folgende Formel erarbeitet:

$$E = mc^2$$

E ist gleich Energie, m gleich Masse und c gleich Lichtgeschwindigkeit. Das Licht ist ein so komplexes Phänomen, dass es in dieser Formel
durch seine Geschwindigkeit beschrieben wird. Was sagt Einstein mit
seiner Formel aus? Nichts anderes als die Austauschbarkeit von Licht,
Energie und Masse. Diese Entdeckung ist so revolutionär, dass sie bis
heute noch nicht vollständig von den Wissenschaftlern erfasst worden
ist. Wäre sie es, so gäbe es nicht so viel Streit über das, was existiert und
das, was nicht existiert. Einsteins Formel erklärt praktisch, dass Energie
zu Masse und umgekehrt Masse zu Energie werden kann.

Genau genommen behauptete Einstein, man könne weder von Masse noch von Energie sprechen, sondern die einzige Wirklichkeit sei das
„energetische Feld", das je nach seiner Dichte sich als Masse oder als
Energie manifestieren könne. An einem bestimmten Punkt wird diese
Energie zu Licht.

Was ist da noch übrig vom „ich glaube, was ich sehe"?

Masse und Energie

Einstein hat bewiesen, dass Masse und Energie zwei Aspekte des gleichen
Phänomens sind, nämlich des „energetischen Feldes". Wenn das Energie-
feld sehr dicht ist, manifestiert es sich als Masse, ist es weniger dicht, als
Energie.

Jeder hat diese Erscheinung wohl schon einmal beobachten können.
Ein gutes Beispiel dafür ist das Feuer. Wenn wir Feuerholz schleppen,
können wir die Dichte seines energetischen Feldes gut erkennen (es ist
schwer!). Dann sehen wir, wie viel Energie sich durch die Flammen befreit, die Hitze erzeugen. Zum Schluss bleibt nicht einmal fünf Prozent
von der ursprünglichen Masse als Asche übrig, also noch im Zustand der
großen Dichte. Der gesamte übrige Teil der Masse ist in Energie verwandelt und „unsichtbar" geworden.

Wenn wir uns Einsteins Formel genauer ansehen und dabei wissen,
dass die Lichtgeschwindigkeit äußerst hoch ist (300.000 Kilometer pro

Sekunde), können wir erkennen, dass die Masse eine enorme Energie enthält. Wenn wir in der Lage wären, einen Stein von einem Pfund Gewicht in Energie zu verwandeln, hätten wir tatsächlich genug Energie zur Verfügung, um ganz New York einen Monat lang mit Licht zu versorgen.

Vom esoterischen Standpunkt aus gesehen, könnte das eine der möglichen Erklärungen dafür sein, warum die Materie solch eine ungeheure Anziehung auf den Menschen ausübt, denn tatsächlich enthält die Materie sehr viel Energie.

In entsprechender Weise ist es möglich, Masse durch Energie herzustellen. Wenn wir bei unserem Beispiel bleiben, sehen wir, dass der Baum wiederum nichts anderes ist als die Energie der Sonne, die sich in Masse manifestiert.

Generell können wir sagen, dass das gesamte Universum sich auf diesen beiden Prozessen aufbaut - der Materialisierung (Energie wird zu Masse) und der Energetisierung oder Ent-Materialisierung (Masse wird zu Energie). Die Materialisierung und die Ent-Materialisierung sind die Atmung des Universums.

Jedes Wesen ist nichts anderes als die End-Manifestation eines energetischen Phänomens. Alles, was wir sehen, worauf wir unseren Blick richten können, hat vorher in Form von Energie existiert und dann erst als Manifestation; und jedes lebende Wesen wird eines Tages in den Energie-Zustand zurückkehren!

Wir tendieren dazu, das alles zu ignorieren oder zu unterdrücken. Wir haften an Personen und Dingen und vergessen dabei dieses Grundgesetz des Universums; daher benötigen wir die Spirituelle „Erste Hilfe" von Aura-Soma so sehr. Mit ihrer Hilfe können wir uns daran erinnern, dass alles eines Tages zur Quelle zurückkehren wird.

Energie, Masse und Wahrnehmung

„Ich glaube nur an das, was ich sehe." Wie kommt es nur, dass wir das sehen können, was wir als „Masse" bezeichnen, aber nicht das, was wir Energie nennen? Dazu müssen wir zunächst einmal sagen, dass diese Aussage nicht korrekt ist. In Wirklichkeit können wir die Energie sehen; jeder von uns kann das, und wir können diese Fähigkeit sogar vervollkommnen.* Oder bist du etwa nicht in der Lage, die Energie zwischen zwei Verliebten zu „sehen"?

Tatsächlich können wir ein Energiefeld nur dann sehen, wenn es so dicht ist, dass es als Masse auftritt. Das wiederum hängt einfach von unserer physiologischen Beschaffenheit ab. Unsere Sinne können nur Energiefelder von einer bestimmten Dichte wahrnehmen. Aber je sensibler wir werden, desto mehr schärfen wir unsere Wahrnehmung, und umso mehr können wir auch unsere Wahrnehmung der Energiefelder erweitern.

Wenn wir nun die Umwandlung von Energie in Masse analysieren, so handelt es sich dabei um nichts anderes als um ein Energiefeld, das immer dichter wird. Natürlich gibt es einen Grad dieser Verdichtung, von dem ab unser physiologisches System dieses Energiefeld wahrnehmen kann. Kurz bevor dies geschieht, gibt es einen Bereich des „Übergangs".

Nach viel Erfahrung und Übung oder wenn wir von Geburt an mit der Fähigkeit begabt sind, das so genannte „Paranormale" wahrzunehmen, das heißt das, was jenseits des Normalen liegt, können wir auch die Fähigkeit entwickeln, die Energie zu sehen. Dabei fragt man sich wirklich, weshalb man, wenn von einem Talent oder besonderen Fähigkeiten des Gehirns die Rede ist, das Wort „genial" benutzt, wenn man hingegen von einer außergewöhnlichen Wahrnehmung spricht, diese als „paranormal" bezeichnet wird. Warum nennt man es nicht eine „geniale Wahrnehmung"? Vicky Wall war eine solche Person von genialer Wahrnehmung; dank dieser Gabe war sie in der Lage, eine Therapieform zu ent-

---

* James Redfield, Die Prophezeiung von Celestine, München 1994

wickeln, die direkt in den Prozess der Manifestation auf energetischer Ebene einzugreifen vermochte.

Modulation von Masse und Energie

Masse enthält eine große Menge von Energie. Es ist also klar, dass jeder Eingriff auf die Masse eine große Menge Energie erfordert. Gelingt es hingegen, bei einem weniger dichten Energiefeld einzugreifen, so fällt dies wesentlich leichter, man verbraucht weniger Energie dabei. Natürlich ist es leichter, jemanden zu überzeugen, einen Baum nicht zu fällen, als einen neuen Baum heranzuziehen. Der Eingriff auf das weniger Manifeste (den Gedanken) ist leichter als es beim Manifesten (der Baum, der zu Streichhölzern verarbeitet wurde) der Fall ist.

Diese Erkenntnis scheint nun endlich auch bei der medizinischen Wissenschaft angekommen zu sein. Es ist heute sehr modern, über „Vorbeugung" zu sprechen. Leider hat die Wissenschaft auch bei diesem Konzept die Botschaft Einsteins noch nicht erfasst (es gibt natürlich immer einige seltene Ausnahmen). So wird heute mit dem Begriff Vorbeugung das Aufspüren pathologischer Manifestationen schon bei ihrem Entstehen oder die Verminderung eines möglichen Schadens bezeichnet, den diese Manifestation verursachen könnte. Mit Sicherheit hat die pathologische Manifestation sowohl in dem einen als auch im anderen Fall bereits stattgefunden.

Die Chinesen der Antike hatten darüber eine ganz andere Meinung. Sie studierten bereits vor fünftausend Jahren wirklich das Energiefeld und waren bereits damals in der Lage, Krankheiten schon einige Monate vor ihrem Ausbruch vorherzusagen und ihnen daher auch vorzubeugen.

Mit Aura-Soma kehren wir in diese Dimension zurück, jedoch in viel weiterer Form. Wir schauen nicht nur auf die Energie und ihre Manifestation im menschlichen Körper, sondern auf das, was noch vor der Energie liegt. Was bedeutet das?

Energie und Bewusstsein

Der Mensch besitzt etwas, das ihn vom Rest der Schöpfung unterscheidet. Der Mensch ist in der Lage, Bewusstsein und die Fähigkeit zur freien Entscheidung zu entwickeln. Das bedeutet, dass er sich spontan verhalten kann und nicht nur automatisch handelt. Er hat also die Fähigkeit zu wählen, oder besser gesagt, er sollte sie haben.

Leider stehen wir erst am Anfang unserer Entwicklung als menschliche Spezies; daher müssen wir uns vor allem von den Konditionierungen befreien, die unsere Fähigkeit einer spontanen Reaktion fast völlig einschränken und uns fast immer dazu bringen, automatisch nach dem Programm in unserem Thalamus zu reagieren.

„Mensch, erkenne dich selbst" ist eine Aufforderung, die die Weisen und Meister aller Zeiten immer wiederholt haben. Warum? Weil die Selbsterkenntnis, das Erkennen der eigenen Konditionierungen, das Bewusstwerden über sich selbst, der nächste Schritt in der Evolution ist.

Wie wir bereits sagten, ist der Mensch vom Rest der Natur verschieden. Das ist so, weil die erhöhte Energie im Menschen etwas geschaffen hat, was wir eine „neue Energie" nennen könnten oder, um es mit den Worten zu sagen, die die Antike uns hinterlassen hat - einen „Geist", den „Äther" oder ein „Fluidum". Dieses neue Phänomen, das nichts anderes ist als das Ergebnis einer beträchtlichen Erhöhung der Energie, wird auch Bewusstsein genannt. Das Bewusstsein kommt noch vor der Energie, und auch zwischen dem Bewusstsein und der Energie gibt es zahlreiche Regeln und Verbindungen, die uns heute noch unbekannt sind.

Jetzt, zum Beginn des neuen Jahrtausends, stehen wir erst am Anfang der Erforschung solcher Erscheinungen. Mit Aura-Soma haben wir jedoch eines der Mittel zur Verfügung, die in diesem Jahrtausend in dieser Forschung an erster Stelle stehen werden. Aura-Soma zeigt uns jeden Tag, wie durch die Veränderung des Bewusstseins eine Veränderung der Energie möglich wird und dadurch wiederum eine Modifikation der Materie. In entsprechender Weise kann unser Bewusstsein durch ein Anwachsen unserer eigenen oder der Energie im Allgemeinen erhöht werden.

Geschichte und Energie

Es ist höchst interessant, kurz darauf einzugehen, wie sich im Laufe der Geschichte die auf diesem Planeten angewandte Energie und die Verteilung des Bewusstseins unter der Bevölkerung entwickelt haben. Ohne damit andere Kulturen verschiedener Epochen in ihrem Wert herabsetzen zu wollen, beschränken wir uns hier aus Gründen der Einfachheit darauf, die westliche Kultur zu untersuchen.

In der Antike stand als einzige Energiequelle das Holz zur Verfügung, während das Bewusstsein ein überaus hohes Niveau erreicht hatte (Platon, Pythagoras, Seneca). Dieses hohe Bewusstsein war jedoch in wenigen Individuen konzentriert; auf dem Niveau der Massen war die Verteilung des Bewusstseins sehr begrenzt.

Auch im Mittelalter stand nur sehr wenig Energie zur Verfügung. Die Minen dienten dem Abbau der Metalle; fast niemand dachte daran, Kohle zu schürfen. Auch wenn das Bewusstsein sich dank verschiedener Erfindungen wie der des Druckens zu verbreiten begann, erreichte die Expansion des Bewusstseins noch unbedeutende Ausmaße.

Zum Beginn des Industriezeitalters begann man, Kohle zu benutzen. Damit wurde die zur Verfügung stehende Energie beträchtlich erhöht. Das Niveau des Bewusstseins war damals noch gering, auch wenn mit der erhöhten Energie, die zur Verfügung stand, die Entwicklung der modernen Wissenschaft ihren Anfang nahm, mit der sich immer mehr Menschen beschäftigten.

Zu Beginn des 20. Jahrhunderts beginnen die Dinge plötzlich einen anderen Verlauf zu nehmen. Auf energetischer Ebene werden nun Erdöl und Elektrizität nutzbar. Das Bewusstsein macht einen großen Sprung, der in der Literatur, Kunst, Wissenschaft und in den esoterischen Bewegungen sichtbar wird.

Mit der Einführung der friedlichen Nutzung der Atomenergie geht die Entwicklung des Bewusstsein noch einen Schritt weiter. Plötzlich werden wir uns über unsere Verantwortung für das Wohlergehen dieses Planeten und der Menschheit bewusst. Wir beginnen, uns über unsere

Verantwortung als Mit-Schöpfer des Universums klar zu werden. Diese Bewusstheit steht nicht mehr nur wenigen zur Verfügung, sondern ist zur Massenbewegung angewachsen.

Und jetzt, in der Zeit der neuen Ära oder des neuen Äons, während die Wissenschaft die Grenzen der atomaren Fusion zu sprengen versucht (diese Technik wird, wenn sie unter Kontrolle gebracht ist, eine bisher unvorstellbare Menge an Energie freisetzen), macht das Bewusstsein einen weiteren Schritt vorwärts. Der Mensch wird sich endlich seiner energetischen Wirklichkeit bewusst. Er erkennt, dass er für seine persönliche Energie verantwortlich und fähig ist, sie zu erhöhen, um sein Bewusstsein zu erweitern, aber auch umgekehrt.

Es ist kein Zufall, dass man heute so viel über Heilung spricht. Heilung bedeutet, sich bewusst zu werden, seine eigene Energie zu erhöhen, sich bewusst auf materieller Ebene zu manifestieren - unter der Führung des Bewusstseins und des Geistes.

Das ist es, was die Kabbalisten seit jeher behaupten: „Der Geist (das Feuer) formt die Gedanken (die Luft); die Gedanken bringen Emotionen hervor (das Wasser), und diese bilden den Körper (die Erde)".(M. Aivanov)

Energie und Licht

An diesem Punkt bietet es sich an, noch mehr auf das Phänomen des Lichts einzugehen. Energie und Licht können ineinander verwandelt werden.

Wie können wir Energie in Licht transformieren?

Dazu müssen wir zunächst zu Einsteins Formel zurückkehren: Wir wissen, dass die Lichtgeschwindigkeit mit sich selbst multipliziert wird, was eine sehr hohe Zahl ergibt. Wir können sagen, dass das Licht sehr viel Energie enthält. Stellen wir uns ein einfaches Beispiel vor: Wendet man Energie auf irgendetwas an, z.B. auf einen Stein, so ist eins der möglichen Ergebnisse davon eine Bewegung. Wenn ich Energie auf einen Stein anwende, so fliegt er, der Stein wird also beschleunigt. Je mehr Energie ich verwende, desto schneller wird der Stein. Das Gleiche können wir auch bei den Experimenten der Raumfahrt beobachten: Wird eine sehr hohe Energie auf eine Rakete angewendet, so erreicht diese eine sehr große Geschwindigkeit.

Wenn wir also weiterhin dem Objekt Energie zuführen, mehr als nötig wäre, um es genau auszudrücken, so wird dieses Objekt immer schneller, bis es schließlich an einem gewissen (imaginären) Punkt die Geschwindigkeit des Lichts erreicht. Sobald dieses Objekt die Geschwindigkeit des Lichts erreicht hat, wird es selbst zum Licht! Natürlich löst sich seine Struktur, seine Masse, an diesem Punkt auf.

Es ist klar, dass das Holz, sobald es (durch den gleichen Prozess) im Feuer zu Licht geworden ist, nicht mehr in seine ursprüngliche Form zurückkehren kann. Wenigstens dann nicht, wenn wir in Betracht ziehen, was wir heute wissen.

Was uns an diesen Betrachtungen interessiert, ist die klare Erkenntnis, dass die Anwendung einer enormen Menge von Energie notwendig ist, damit etwas zu Licht wird. Umgekehrt befreit das Licht, wenn es zur materiellen Ebene zurückkehrt, ungeheuer viel Energie.

Lichtwesen

In dieser Zeit des Erwachens sprechen wir viel vom Licht, von den Lichtwesen oder Engeln. Wir sagen, dass auch wir selbst in Wirklichkeit „Lichtwesen" sind. Das ist sicher wahr, aber eher auf einer potentiellen Ebene als in Wirklichkeit, wenn wir in Betracht ziehen, auf welcher Evolutionsstufe wir uns im Moment befinden.

Wenn es uns gelingt, unsere Energie immer mehr zu erhöhen, werden wir den Zustand der Lichtwesen erreichen können. Genau das haben die Meister aller Zeiten immer behauptet.

Eine der wirksamsten Methoden, die eigene Energie zu erhöhen, ist die Meditation. Im zweiten Teil des Buches sind daher Meditationen und andere Techniken zu finden, die darauf ausgerichtet sind, die eigene Energie zu erhöhen.

Wenn wir die Gesetze der Physik richtig interpretieren, finden wir noch viele weitere Erklärungen der Phänomene, auf die wir treffen, und der ungeheuren Möglichkeiten zur Evolution, über die wir verfügen. Natürlich können wir, wenn wir unsere Energie auf die Ebene des Lichts erhöhen, praktisch alle Prozesse der Transformation beherrschen. Das heißt auch, dass wir uns so manifestieren können, wie wir es wünschen und uns mit extremer Leichtigkeit zwischen den Welten bewegen können.

Ein praktisches Beispiel für diese Erscheinungen sind die Berichte von Menschen, die Visionen von Engeln oder Maria-Erscheinungen gehabt haben. Alle diese Personen beschreiben zuerst ein überaus starkes Licht, das sie gesehen haben. Wir könnten sagen, dass dieses starke Licht das Lichtwesen ist, das sich auf der materiellen Ebene zu manifestieren beginnt.

Was geschieht nun an diesem Punkt? Das Lichtwesen beginnt also, sich zu manifestieren. Das erste, was wir sehen, ist natürlich das „materielle" Licht oder das Licht, das unser Auge erfassen kann. Danach erscheint die Form, und man sieht eine Person, einen Engel mit Flügeln, eine von Licht umflossene Person oder was auch immer. An diesem Punkt hat sich das Lichtwesen auf materieller Ebene manifestiert und ist „sichtbar" geworden. Was ist also passiert? Dieses Wesen hat lediglich seine Energie auf eine niedrigere Ebene reduziert, die unterhalb der Energie des Lichtes liegt, und ist so zu einer wirklichen Erscheinung in unserer materiellen Welt geworden. Alle, die eine solche Erscheinung gesehen haben, sagen, dass diese, wenn sie ihre Botschaft mitgeteilt oder das in die Tat umgesetzt hat, wozu sie gekommen war, wieder in einem sehr starken Licht verschwunden sei. Inzwischen wissen wir, dass dieses Wesen einfach seine Energie von neuem auf die Ebene des Lichts gebracht hat und danach, weil es nicht mehr Teil unserer materiellen Welt war, wieder verschwunden ist.

Das alles hat in Wirklichkeit nichts Mystisches oder Religiöses an sich, es demonstriert die Gesetze der Energie. Aber bei Menschen, die diese Visionen erlebten, hinterließ ein solches Ereignis auf der sprituellen Ebene gewöhnlich einen sehr starken Eindruck. Das ist auch verständlich, denn durch die Manifestation der Lichtwesen wird eine sehr starke Energie freigesetzt, die man dazu nutzen kann, sich von der materiellen zur spirituellen Ebene zu erheben.

Licht und Heilung

Wenn wir die enorme Menge an Energie in Betracht ziehen, die das Licht besitzt, kommt die Frage auf, ob diese Energie nicht für die Heilung genutzt werden könnte. Tatsächlich setzte man bereits im alten Ägypten zur Heilung farbiges Licht ein. Auch heute wird es auf materieller Ebene zur Behandlung angewendet, wenn auch nur in begrenztem Umfang. Zu Beginn des 20. Jahrhunderts waren zum Beispiel „Lichtbäder" als Therapie sehr beliebt. Sie bestanden einfach in einem Aufenthalt an der frischen Luft, im Licht.

Auf der Ebene der materiellen Wirksamkeit ist das Licht in der Form, in der es in der offiziellen Medizin angewendet wird, weit entfernt von der Kraft der Pharmaka. Wie ist das möglich, wenn wir doch wissen, dass das Licht so viel Energie enthält, dass viele es als die Heilkraft der Zukunft sehen?

Hier tritt ein weiteres Phänomen auf den Plan, von dem wir bisher noch nicht gesprochen haben: Der Einfluss auf eine bestimmte Art von Energiefeld durch eine Erscheinung, die den gleichen Bedingungen des Energiefeldes unterliegt, ist unmittelbarer. Die Wirkung eines materiellen Eingriffs auf materieller Ebene ist direkter als jede andere Art von Behandlung. Es gibt zum Beispiel keine schnellere Methode, die Glukose im Blut zu senken, als eine Injektion von Insulin - ein materieller Eingriff auf eine materielle Erscheinung.

Es gibt auch keine schnellere Methode, einen weinenden Menschen zu trösten, als eine liebevolle Umarmung - ein emotionaler Eingriff auf eine emotionale Erscheinung.

Es gibt keinen schnelleren Eingriff, um die Bewusstwerdung eines Menschen zu erhöhen, als die Anwesenheit eines Menschen mit einem höheren Niveau des Bewusstseins - ein energetischer Eingriff auf eine energetische Erscheinung.

Das alles sagt noch nichts über die zeitliche Dauer dieser Art von Veränderungen oder die qualitative Wirkung des Eingriffs auf lange Sicht betrachtet. Wenn wir jedoch von einer anderen energetischen Ebene aus eingreifen, müssen wir damit rechnen, dass eine gewisse Zeitdauer erforderlich sein wird, bis sich eine Wirkung auf energetisch niedrigerer Ebene zeigt. Diese Gesetzmäßigkeiten sollten bei der Arbeit mit Aura-Soma genau beachtet werden.

Ein weiteres Beispiel: Nimmt man einem Drogenabhängigen seine Drogen weg (ein materieller Eingriff auf das Materielle), so ist das der schnellste Eingriff, um ihn „clean" werden zu lassen. Das sagt jedoch noch nichts über die Wirksamkeit des Eingriffs auf lange Sicht aus. Unterzieht man diesen Drogenabhängigen einer langen Therapie (ein energetischer, emotionaler Eingriff), so wird er viel länger brauchen, um „clean" zu werden, hat aber vielleicht bessere Aussichten auf einen dauerhaften Erfolg.

Nach all diesen Beispielen können wir annehmen, dass die Wirkung des Lichts auf die Heilung schneller eintreten wird, wenn wir es auf der gleichen oder einer ähnlichen Ebene anwenden, also auf der energetischen oder vielleicht der Bewusstseinsebene, die der energetischen am nächsten ist.

Das genau initiieren wir mit Aura-Soma - wir arbeiten mit der Lichtenergie. Daher können wir Aura-Soma als ein Mittel zur Veränderung des Bewusstseins sehen.

Das bedeutet, das Bewusstsein wird als Erstes verändert (energetischer Eingriff auf eine energetische Erscheinung), während die Veränderungen auf anderen Ebenen nach einer gewissen Zeit erst sichtbar werden.

Auf jeden Fall besteht das Außergewöhnliche an der Entdeckung Vicky Walls darin, dass wir bei Aura-Soma nicht nur die Energie des Lichts, der Farben und der Kristalle haben (die energetische Ebene), sondern auch die Energie der Pflanzen (die materielle Ebene) und daher unmittelbare Veränderungen auf dem physischen Niveau (durch die Energie der Pflanzen) schaffen, die durch die Veränderung des Bewusstseins unterstützt und verstärkt werden. Daraus entsteht eine „Kettenreaktion" auf der spirituellen, emotionalen und körperlichen Ebene.

Licht und Physik

Um die Welt der Farben besser verstehen zu können, sollten wir uns die physischen Eigenschaften des Lichts einmal genauer ansehen. Das Licht ist wahrscheinlich das Objekt, das in der Welt der Physik mathematisch am schwierigsten zu beschreiben ist. Tatsächlich gibt es keine einheitliche Theorie, die uns ermöglichen würde, die zum Licht gehörigen natürlichen Erscheinungen zu verstehen und anzuwenden. Man war gezwungen, auf zwei verschiedene Modelle zurückzugreifen, um das Licht auf der physischen Ebene zu beschreiben. Unter Benutzung des einen oder des anderen Modells konnte die Physik mathematische Beschreibungen liefern, die die Entwicklung wichtiger Technologien (Optik, Laser, Beleuchtung) möglich machten.

Das Licht wird also durch zwei verschiedene Modelle erklärt:

1. Das Modell der Partikel
2. Das Modell der Wellen

Das Modell der Partikel geht von der Überlegung aus, dass das Licht aus unendlich vielen energiegeladenen Partikeln besteht, deren Modifikationen und Bewegungen das „Licht" hervorbringen. Das ist natürlich eine sehr vereinfachte Erklärung. Die technologische Anwendung des Partikel-Modells hat die Entwicklung des Laserstrahls ermöglicht. Bei Aura-Soma ist, wenigstens im Moment, dieser Ansatz weniger wichtig.

Das Modell der Wellen sieht das Licht wie das Wasser oder den Klang, der sich in Wellen fortbewegt. Das Licht wird als Teil der elektromagnetischen Wellen betrachtet.

Sehen wir uns also einmal an, was unter einer Welle (Abb.4) zu verstehen ist, auch wenn jeder von uns weiß, was eine Welle ist.

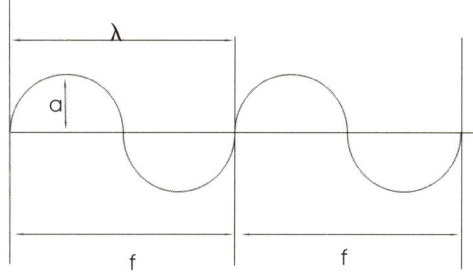

Abb.4 - Die Welle in der Physik

Die Welle kann mit Hilfe von drei Parametern beschrieben werden:

a = die Höhe oder der höchste Punkt, den sie erreicht;

f = Frequenz, oder wie oft in einem gegebenen Zeitraum (generell einer Sekunde) die Welle die gleiche energetische Ebene durchquert;

λ = Länge, oder die Distanz zwischen dem Anfang und dem Ende eines Wellenzyklus.

Im Modell der Wellen wird das Licht als Teil der elektromagnetischen Wellen angesehen.

Die Abb. 5 erläutert das Spektrum der elektromagnetischen Wellen, die von den Röntgenstrahlen bis zu den ultravioletten Wellen gehen.

Das Licht ist nur ein winziger Teil dieses Spektrums, wobei die Wellenlänge des sichtbaren Lichts von 400 nm bis zu 720 nm (1nm = der millionste Teil eines Meters) geht.

0.00001 nm	50 nm	5000 nm	1 cm	1 km	100.000 km
Wellenlänge					
Gammastrahlen	UV-Strahlen	Infrarot-wellen	Mikro-wellen	Radio-Strahlen	Elektrische Strahlen

sichtbares Licht 400 - 720 nm

Abb. 5 • Das elektromagnetische Spektrum

Licht und Farbe

Das Auge ist das Organ des Menschen, das dazu dient, Licht wahrzunehmen; es ist eines der fünf Sinnesorgane.

Interessant ist dabei zu bemerken, dass das Auge nur einen minimalen Teil des immensen elektromagnetischen Spektrums wahrnimmt. Aber auch die anderen Sinne nehmen nicht viel mehr wahr. Eine ungeheure Menge von elektromagnetischen Informationen bleibt von unserer Wahrnehmung ausgeschlossen, obwohl sie einen wichtigen Einfluss auf unseren Körper ausüben (wie etwa die UV-Strahlen).

Dieser geringe Anteil des elektromagnetischen Spektrums jedoch, den das Auge wahrnehmen kann, enthält unendlich viele Informationen. Diese Informationen sind die Farben.

Das Licht einer bestimmten Wellenlänge wird von unserem Auge, oder besser gesagt von den Zentren der Datenverarbeitung in unserem Gehirn (die vor allem im hinteren Teil des Gehirns liegen), als eine besondere Farbe interpretiert. Das ist alles. Abweichungen von diesem Mechanismus führen zur Unfähigkeit, bestimmte Farben wahrzunehmen.

Jeder Farbe entspricht ein bestimmtes energetisches Niveau, das von ihrer Wellenlänge festgelegt wird. Auf diese Weise ermöglichen uns die Farben einen differenzierten Zugang zu dem enormen Energie-Potential des Lichts. Wir können also die Farben als Indikatoren, Codes oder als eine Sprache benutzen, um das Energiefeld zu finden, das für einen energetischen Eingriff am ehesten übereinstimmt, am Nächsten gelegen oder am geeignetsten ist. Je näher das Energiefeld ist, von dem der Impuls auf das Energiefeld des zu stimulierenden Objekts ausgeht, desto direkter wird die Wirkung sein; und genau das geschieht bei Aura-Soma. Das ist eine außergewöhnliche, mit vielen Informationen angereicherte Entdeckung. Es ist eine Erfahrung, die ständig anwächst und über den ganzen Planeten verteilt ist. Sie erlaubt uns, auf der Verbindungsebene von Licht, Energie und Bewusstsein mit immer mehr Klarheit und Wirksamkeit einzugreifen.

Nachstehend werden die Energiezentren analysiert, die erforderlich sind, um im Menschen die Farbe zu finden, die dem Niveau seines Bewusstseins auf der Ebene der energetischen Übereinstimmung entspricht. Es handelt sich um das System der Chakras.

DIE SIEBEN CHAKRAS

Im Westen werden sie Energiezentren oder -punkte genannt, auch wenn sie inzwischen allgemein als Chakra bezeichnet werden. „Chakra" ist das Sanskrit-Wort mit dem sie bereits vor Jahrtausenden in der Yoga-Tradition definiert wurden. Vor allem in den letzten Jahren ist derartig viel über Chakras geschrieben worden, dass es heute schwer fällt, sich in diesem Dschungel der Worte und Definitionen zurecht zu finden.

Das System der Chakras befindet sich in ständiger Bewegung, wie eine Spirale der Energie, die sich von selbst erneuert. Nach den Erfahrungen der Yogis durchlaufen drei große Energieströme die Wirbelsäule bis zum Kopf. Diese drei Strömungen sind als Sushumna, Ida und Pingala bekannt. Sushumna, die durch die Farbe gelb dargestellt wird, ist die primäre Strömung und wird mit der Wirbelsäule in Verbindung gebracht, in der das zentrale Nervensystem liegt, das auch im Aura-Soma-System in der Farbe Gelb dargestellt wird. Links von Sushumna liegt Ida, die weibliche Energie, mit der Farbe Hellblau und rechts Pingala, die männliche Energie, mit der Farbe Rot. Diese beiden letztgenannten großen Strömungen steigen über Sushumna (die Wirbelsäule) nach oben, wobei sie sich siebenmal kreuzen. An jedem dieser Kreuzungspunkte entsteht ein kraftvoller Energiewirbel, der den Chakras Leben verleiht. Die Art des Fließens dieser Strömungen bestimmt den energetischen Zustand der Chakras.

Versuchen wir nun, tiefer in die Dynamik der sieben Chakras einzudringen, wobei wir uns immer daran erinnern sollten, dass es für die Transformation des Bewusstseins kein Chakra gibt, das wichtiger als ein anderes wäre. Es ist ein großes Missverständnis, die oberen von den unteren Chakras oder umgekehrt nach Kriterien der Qualität zu unterscheiden. Für ein gutes Funktionieren des einen ist das gesunde Funktionieren der anderen von grundlegender Wichtigkeit.

Die wahre Harmonie ist dann gegeben, wenn alle sieben Chakras entfaltet, offen und frei sind. Außerdem sollte man wissen, dass die Chakras über eine eigene Intelligenz verfügen und daher ihr Zusammenspiel nicht immer von starren Regeln festgelegt wird. Es hilft uns, die Funktionsweise von Aura-Soma besser zu verstehen, wenn man ihre wichtigsten Eigenschaften kennt.

Das 1. Chakra

Man beginnt sicher nicht aus konventionellen Gründen mit dem ersten Chakra, dem Wurzel- oder Basis-Chakra, dem nach uralter Tradition die Farbe Rot zugeordnet ist. Eine Pflanze muss, um wachsen zu können, in der Erde verwurzelt sein. Die Erde ist nach Goethes und Steiners Wahrnehmung, die auch von Aura-Soma voll und ganz geteilt wird, durch die Farbe Rot dargestellt. Rot ist auch die Farbe des Blutes, es symbolisiert die vollständige Körperlichkeit. Auch der Regenbogen zeigt sein Spektrum, indem er bei der Farbe Rot beginnt.

Die Energie steigt im Menschen durch das siebte Chakra nach unten. Sie wird vom ersten Chakra aus magnetisch angezogen.

Das erste Chakra liegt beim Menschen im Genitalbereich, zwischen dem Schambein und dem Steißbein, die Beine und Füße werden als die Wurzeln des ersten Chakras angesehen.

Das erste Chakra enthält die Ur-Energie des Lebens, durch die das Leben sich selbst reproduziert. Wenn die Energie in diesem Chakra frei fließt, fühlt sich der Mensch dynamisch, voller Tatendrang und reagiert bereitwillig und geerdet auf die Herausforderungen des Lebens. Er bewegt sich mit Leichtigkeit in der materiellen Welt und begegnet den anderen mit Großzügigkeit und Wärme. Er lebt seine Sexualität mit Natürlichkeit und Vitalität. Wenn es sich dabei um Personen handelt, die sich auf der spirituellen Suche befinden, benutzen sie häufig ihre sexuelle Aktivität als Meditation, indem sie daraus nicht nur ein Ritual der Sammlung, sondern auch eine Erfahrung des Wachstums und der spirituellen Erfüllung machen (Tantra).

Wenn hingegen das erste Chakra nicht die nötige Energie empfängt, wenn es also verschlossen oder verkrampft ist, fühlt sich der Betroffene schwach und entwurzelt. Die Haupt-Ursachen für dieses Ungleichgewicht sind in einer Art der Erziehung zu finden, die auf einer Unterdrükkung des freien Ausdrucks dieses Chakras aufbaut oder auf der unbewussten Unfähigkeit, die von oben kommende Energie zu erden. Wenn das erste Chakra aus solchen Gründen auf Dauer geschwächt bleibt, hat dieser Mensch Probleme mit dem Überleben und der Angst, dass die Erde ihn nicht trägt. Er regt sich leicht auf, fühlt sich angstvoll, angespannt, wütend oder frustriert. Sein Liebesleben ist unbefriedigend und problematisch. Die gesamte Energie, die erforderlich wäre, um dem Chakra Vitalität zu geben und es auf gesunde Weise funktionieren zu lassen, wird beschränkt und kontrolliert. Wenn diese Situation auf Dauer anhält, entwickelt der Betroffene eine chronische energetische Müdigkeit mit möglichen psychischen und körperlichen Problemen.

Das 2. Chakra

Das zweite Chakra kann man als energetisches Zentrum der Empfindungen bezeichnen. Es liegt, körperlich gesehen, im Bereich zwischen der Scham und dem Nabel, wobei es den Körper wie ein Rad einschließt, das um die Hüften, den Lendenwirbelbereich und das Kreuzbein liegt. Es ist orangefarben. Wir können es uns wie eine große Bibliothek vorstellen, in der unser ganzes Leben, von der Empfängnis bis zum Erwachsenenalter, registriert ist. Als Frucht des ersten Chakras bleibt das menschliche Wesen neun Monate lang im Mutterschoß; wo es in einem Zustand des völligen Einsseins genährt wird.

Zu diesem Zeitpunkt befindet es sich gänzlich in einer inneren Dimension, im Schoß der Mutter, geschützt und aufgehoben. Mit unserer Geburt erfüllen wir die natürliche Notwendigkeit, herauszukommen und unsere Welt der Sinne zu erweitern. Wir können jedoch von einer angeborenen Tendenz ausgehen, wieder in den Mutterschoß hinein zu gelangen, um uns zu ernähren, in der Einheit mit uns selbst zu fühlen, um dann erneut nach außen zu gehen, um von der Außenwelt Genuss, Gesellschaft und neue Impulse zu erhalten. Wir können daher das zweite Chakra mit der Atmung vergleichen, die aus Ein- und Ausatmen besteht. Es ist das Chakra der Empfindungen, der Sinnlichkeit und der Sexualität im Sinne von Genuss und Befriedigung.

Außer für das Fühlen, ist das zweite Chakra auch für Dualismus und Konflikte zuständig. Es wird einerseits von dem Bedürfnis nach Verschmelzen und Symbiose und andererseits nach Unabhängigkeit und Autonomie bestimmt. Dieses typische Schwanken zwischen dem Bedürfnis, mit jemandem zusammen oder allein zu sein, ist eine natürliche Eigenschaft des zweiten Chakras. Es zeigt eine Dynamik, die wir in unseren zwischenmenschlichen Beziehungen immer wieder schaffen werden.

Wenn wir uns des Dualismus im zweiten Chakra bewusst werden und es uns gelingt, seine komplexe Natur zu akzeptieren, werden wir in der Lage sein, ein Gleichgewicht zwischen den Beziehungen mit dem anderen und der Außenwelt einerseits und der Beziehung zu uns selbst und unserer Innenwelt andererseits zu finden. Dann ist mein Wohlergehen nicht mehr von der Energie des anderen abhängig. Wenn es stimmt, dass er mich bereichern und anregen kann, bin ich ihm dankbar, bleibe mir aber bewusst, dass meine Verbindung zur kosmischen Energie nicht von ihm abhängig ist. In diesem Fall wird mein zweites Chakra zur Quelle des Genießens, der Sympathie, der Vereinigung, der Auflösung, der Freude und der Ekstase. Es ist auch der Bereich, in dem ich die Schwingungen der anderen wahrnehme. Wenn es mir gelingt aufzufangen, was sie empfinden, wird es mir leichter fallen, auf den verschiedenen Ebenen mit ihnen in Beziehung zu treten.

Wenn das zweite Chakra jedoch zusammengestaucht ist und keinen

Platz hat, wird der Betroffene leichter zum Opfer emotionaler Reaktionen. Überdies wird er die Negativität der anderen absorbieren, was ihn erschöpft und leiden lässt. Um sich dagegen zu schützen, wird er seine Sensibilität verringern müssen. Das geschieht auf verschiedene Arten, vom übermäßigen Essen zum Rauchen oder zur ständigen Überarbeitung. In der Beziehung besteht dann die Tendenz, von der Energie des anderen abhängig zu werden, weil die Person nicht mehr weiß, wie sie in sich selbst zurückkehren und sich von allein wieder aufladen kann. Wenn der andere ihre Erwartungen nicht befriedigt, fühlt sie sich vernachlässigt und zurückgestoßen.

Ist das zweite Chakra schwer gestört, so bedeutet das ein Vorhandensein von tiefen Verletzungen und Schocks, die noch aktiv sind. In diesem Falle kann der Betroffene weder mit anderen zusammen noch mit sich selbst allein sein, er isoliert sich und fühlt sich von den anderen und der Höheren Quelle getrennt. Seine Aura zeigt die so genannten ätherischen Löcher, aus denen alle Energie verloren geht. Dieser Mensch wird, um nicht zu leiden, seine Emotionen einfrieren und sich von Gott und der Welt verlassen fühlen.

Das 3. Chakra

Das dritte Chakra ist das Zentrum der Kraft, der Schmelztiegel des Lebens.

Seine Farbe geht vom Gelb bis zum Gold. In seinem Bereich liegen der Solarplexus, die Leber, die Galle und die Nebennieren.

Es ist von feuriger Natur. Seine Energie ist magnetisch. Das dritte Chakra nimmt in der Jugend seine Form an; in dieser Zeit lernen wir mit Hilfe dieser feurigen Energie, die Macht zu beanspruchen, die uns das Leben selber gibt - zu entscheiden, zu wählen, eigenständig zu handeln. Leider steht dieser ganz natürliche Prozess oft im Widerspruch zu dem, was die Gesellschaft von uns erwartet. Daher unterdrücken wir unsere individuelle Kraft in dem Versuch, die Bedingungen der Gesellschaft zu erfüllen, wobei wir eine energetische Störung schaffen, in der Ängstlichkeit und die Furcht, einer Situation nicht gewachsen zu sein, die Oberhand gewinnen.

Die verbreitetsten kollektiven Konditionierungen sind die, die uns tendenziell dazu bringen, den zu bewundern, der in der Lage ist zu gewinnen, die anderen zu übertreffen, Erfolg zu haben. Wir messen uns, vergleichen uns ständig und schätzen uns dabei selbst als besser oder schlechter, überlegen oder unterlegen ein. In unserer Gesellschaft ist der Glaube verwurzelt, dass wir uns hervortun, glänzend abschneiden, die Besten und die Ersten sein müssen, um Liebe, Aufmerksamkeit und Zuwendung von den anderen zu bekommen.

In der Anstrengung, unsere Energie auf das zu richten, was von den anderen geschätzt und anerkannt wird, entwickeln wir die Gewohnheit, uns zu vergleichen. Ob wir nun gewinnen oder verlieren - wir schaffen es nie, uns zu entspannen oder unsere Echtheit und Individualität zu behaupten.

Menschen mit einem gesunden dritten Chakra haben gelernt, sich als Individuen in der Welt zu verhalten, ihren Willen durchzusetzen und ihre Macht zu behaupten, ohne dabei anderen zu schaden. Sie finden sich im Leben mit Hoffnung und Optimismus zurecht. Sie sind in der Lage, entschieden um das zu kämpfen, was sie wollen. Sie haben aber auch gelernt, sich zu entspannen und Raum in sich zu schaffen, ohne die Angst, dabei etwas zu verlieren. Sie haben verstanden, dass man im Leben nicht immer glänzen und sich von seiner besten Seite zeigen muss, denn manchmal kann man mehr Freude an seiner Integrität als an der Anerkennung der anderen empfinden. Wenn das dritte Chakra nicht fließt, ist die Kraft blockiert und seine kostbare Energie wird in folgenden Mechanismen verschwendet: Ständiger Vergleich mit den anderen, man befindet sich bewusst oder unbewusst immer im Wettkampf mit ihnen; man schwankt, ohne es zu merken, zwischen der Rolle des Opfers und des Tyrannen hin und her, ist in den Schemata der Projektion, des Beurteilens und der Selbstbeurteilung gefangen; kann sich nicht als das behaupten, was man ist, und auch nicht die Würde der anderen anerkennen. So verliert man seine persönliche Kraft und gibt sich damit zufrieden, mit Masken zu leben, die uns zwar in den Augen der Gesellschaft akzeptabler erscheinen lassen, aber mit Sicherheit uns die große Möglichkeit verlieren lassen, wir selbst zu sein.

Das 4. Chakra

Das vierte Chakra ist in seinem tiefsten Kern das Zentrum der bedingungslosen Liebe. In seiner äußeren Emanation dient es auf Grund seiner rezeptiven Fähigkeit als Antenne, die in Beziehung zu allen auf diesem Planeten existierenden Gedankenformen steht; daher wird es auch als das „mentale Zentrum" bezeichnet.

Dieses Chakra wird durch die Farbe grün aktiviert und erhellt. In seinem Bereich liegt der Brustkorb mit den Lungen, Bronchien und der Brust, die vom Herzen als der Königin regiert wird. Wir können es uns als eine Blume vorstellen, die sich der Sonne öffnet, mit der Welt ihren Duft und ihre Schönheit teilt und das Licht und die kosmischen Schwingungen empfängt, die sie nähren. Das ist in der Tat die Essenz unseres Herzens. Wir geben, ohne von einem besonderen Ergebnis abhängig zu sein oder uns irgendeine Art von Austausch zu erwarten. Das einzige Gesetz in diesem Chakra ist das der Liebe, die alle anderen Gesetze oder gesellschaftlichen Ordnungen durchdringt. Das Geben liegt einfach in seiner Natur; das Empfangen bedeutet, sich des Lebensodems bewusst zu sein, der uns ständig mit Liebesenergie erfüllt. In diesem Chakra beginnen wir, uns selbst so zu lieben, wie wir sind. Hier verwirklichen wir die vollkommene Einheit mit der Schöpfung.

Die wichtigsten Eigenschaften dieses Chakras sind Weite, bedingungslose Liebe, Mitgefühl, Intuition, Annahme, das Geben und Nehmen als rezeptive Fähigkeit, die Leere, Harmonie und die Heilung.

Solange wir nicht in unserem Herzen angekommen sind, können wir die Energien der drei anderen Chakras nicht ins Gleichgewicht bringen.

Die Weite des Herzens dient als Brücke, die die unteren Chakras (die das Individuum nach außen, zur materiellen Welt hin entwickeln lassen sollen) mit den oberen, der Welt der Intuition, verbindet und integriert.

Man kann es auch so ausdrücken: Das erste Chakra mit seinem sexuellen Antrieb und seiner Dynamik; das zweite mit seinem Gefallen daran, sich mit den anderen zu verbinden und Freude am Aufbau von Partnerbeziehungen zu empfinden; das dritte Chakra mit seiner Kraft, die eigene Individualität in der Gruppe auszudrücken und mit den höheren Chakras zu verbinden. Deren Funktion ist es, die Entwicklung des Individuums auf das hin zu fördern, was jenseits der materiellen Formen liegt, um es auf eine kosmische Reise in die Welt der Mysterien zu schicken, zu den Gestirnen des Bewusstseins.

Wenn es uns schwer fällt, aus dem Herzen zu leben, dann ist das vierte Chakra blockiert. Es wird sehr schwierig sein, Distanz von den kollektiven Gedankenformen zu gewinnen, die uns beeinflussen und damit unsere persönliche Freiheit einschränken. Wir werden leicht zum Opfer unseres Idealismus und versuchen, die Erwartungen der anderen an uns zu erfüllen. Es fehlt uns der nötige Raum, um die Dynamik des Lebens anzunehmen. Wir neigen dazu, das zu unterdrücken und zu verurteilen, was uns nicht gefällt, und uns damit der Möglichkeit zur Transformation zu verschließen. Mit einer solchen Einstellung werden wir eher dazu neigen, die Liebe auf der persönlichen Ebene zu leben, also durch die Qualitäten des zweiten Chakras. Wir können noch nicht akzeptieren, dass alles so ist, wie es sein muss. Die Wunden, die unserem Herzen geschlagen wurden, können jetzt durch die goldenen Regentropfen der universalen Liebe geheilt werden.

Das 5. Chakra

Das fünfte Chakra ist das Zentrum der Kommunikation, der Kreativität und des Verständnisses. Es liegt im Bereich der Kehle und umfasst den Hals, den Mund und die Ohren. Es ist mit der Farbe Blau verbunden, die die Kommunikation, die Kreativität und das Verständnis unterstützt und verstärkt.

Das fünfte Chakra dient als Auffangbecken für die Informationen aller darunter liegenden Chakras, die durch fünf um den Hals liegende Ringe kontrolliert werden. Jeder Ring gehört zu einem besonderen Chakra und enthält die genetischen, allgemeinen und tiefen Informationen jedes Chakras.

Man sagt, es gäbe einen magischen Schlüsselsatz, um zur kreativen Quelle des fünften Chakras zu gelangen, dessen Klang bis in die labyrinthischen Tiefen des Seins hinunterhallt: „Ich bin verantwortlich." Erst wenn wir uns über unsere Verantwortung bewusst werden, können wir den Käfig unserer Überzeugungen verlassen, nach denen das, was uns im Leben widerfährt, außerhalb unserer Kontrolle liegt. Diese Überzeugung bringt uns dazu, unsere Verantwortung auf andere oder auf das Leben zu projizieren. Wenn wir für uns selbst die volle Verantwortung übernehmen, gelangen wir wieder in den Besitz unserer persönlichen Macht. In der Intelligenz und Kreativität des Chakras selbst werden wir mit Sicherheit den Weg finden, das zu transformieren, was uns nicht gefällt.

Es liegt in unserer Essenz, unser Leben in jedem Moment zu wählen, zu verändern und zu erschaffen.

Unser Leben ist der Spiegel, der die Energie unseres Seins reflektiert. Wenn wir es schaffen, uns selbst zu akzeptieren, gewinnen wir endlich die Möglichkeit, uns zu verändern. Die Alchemisten wussten das seit jeher.

Kein anderes Chakra bezieht seine Kraft so stark aus dem Klang wie das fünfte. Eine seiner wesentlichen Eigenschaften ist daher die Kommunikation. Vom esoterischen Standpunkt aus betrachtet, lebt jeder echte Glaube in diesem Chakra und wird intensiv vom Klang beeinflusst, der die Atmosphäre des fünften Chakras mit seinen Klangwellen versorgt.

Daher können wir uns leicht die Folgen all dessen vorstellen, was wir äußerlich mit der Stimme von uns geben und innerlich mit den Gedanken. Wir müssen uns nicht wundern, wenn unsere Probleme sich durch diese Dinge verstärken.

Wenn wir auf einer oberflächlichen Ebene des fünften Chakras bleiben, so basiert unsere Kommunikation mit den anderen generell auf Erfahrungen und Überzeugungen aus einer fernen oder nahen Vergangenheit; aber weil die Entscheidungen in unserem Leben auf dem aufgebaut sind, was wir bereits kennen, verlieren wir die Möglichkeit, uns von der Energie des gegenwärtigen Augenblicks zu nähren, der die Macht in sich enthält, alle Überzeugungen und die damit zusammenhängenden Probleme wegzufegen, damit wir wieder unschuldig, unkonditioniert und frei leben können.

Wenn es uns gelingt, in die Welt des fünften Chakras zu gelangen, werden wir dort Leere und Ruhe finden. Aus dieser Mitte können, wie die Mystiker bestätigen, sich alle unsere inneren Überzeugungen und unser Mangel an Vertrauen auflösen. Der Strom der Erkenntnis wird aktiviert und führt uns zu einem freien Leben. Das Vertrauen, von der kosmischen Bewusstheit geschützt zu werden, lässt uns dem Unbekannten mit Kreativität und Entspannung begegnen.

Das 6. Chakra

Das sechste Chakra ist das Chakra der Bewusstheit und der inneren Vision. Es ist mit der Farbe königsblau, der Farbe des Friedens, des Erwachens, der Mystik, der übersinnlichen und metaphysischen Fähigkeiten verbunden. Das sechste Chakra ist das Gebiet des dritten Auges. In seinem Bereich liegen die beiden physischen Augen, die Nasenwurzel, die Schläfen, der Stirnbereich des Schädels und das dritte Auge selbst, das sich leicht über der Mittellinie zwischen den Augenbrauen befindet. Der Kern dieses Chakras befindet sich im Zentrum des Kopfes.

Dank des sechsten Chakras und der Arbeit an ihm können wir die Energiefelder und das Licht in den fünf darunter liegenden Chakras sehen.

Spirituelle Lehrer empfehlen uns unentwegt, Achtsamkeit zu praktizieren, die Fähigkeit, unsere Aufmerksamkeit auf das zu richten, was wir sehen, auf das, was in uns und außerhalb von uns geschieht, um so das dritte Auge zu aktivieren oder zu öffnen. Je achtsamer oder bewusster wir sind, desto mehr öffnet sich das dritte Auge.

Das dritte Auge ist ein sehr machtvolles energetisches Zentrum, durch das man, sobald es aktiviert ist, die Dinge sehen kann, die man mit den körperlichen Augen nicht erkennt, die inneren Ebenen der Wirklichkeit.

Das dritte Auge zu öffnen, ist das Ziel vieler spiritueller Übungen. Es erlaubt dem Menschen, aus dem Dunkel ins Licht zu treten, aus der Unbewusstheit in die Bewusstheit. So vermag er zu den höheren Bewusstseinszuständen zu gelangen.

Durch das dritte Auge können wir die Bewegungen der Energie, die Aura und die Farben sehen, die alles auf diesem Planeten umgeben. Das dritte Auge ermöglicht uns auch, unsere Gedanken und Handlungen wie Zuschauer zu beobachten. Damit befreit es uns von der Falle der Identifikationen und bringt das Licht der Geistesklarheit in unser Leben.

Das 7. Chakra

Das siebte Chakra ist das „Universum der Erleuchtung"; das Kronen-Chakra genannt. Seine Farbe ist die letzte Farbe des Regenbogen-Spektrums, also violett, aber auch weiß als Essenz aller Farben. Das siebte Chakra liegt an der Scheitelspitze des Kopfes. Auch vor der Erleuchtung funktioniert dieses Chakra bereits wie eine Antenne, die das Licht und die kosmischen Schwingungen auffängt und sie benutzt, um damit alle anderen Chakras und feinstofflichen Körper zu reinigen und ihnen Licht zu schenken.

Sobald dieses Chakra sich geöffnet hat, können wir dadurch unser gesamtes Karma und unsere Vergangenheit auflösen. Es ist die Brücke zwischen der Erde und dem Himmel, dem Endlichen und dem Unendlichen. Es ist das Chakra der Rückkehr zur großen Quelle des Lichts, von der wir ohne Bewusstheit unseren Ausgang genommen haben und zu der wir nun als erwachte Wesen zurückkehren. „Der Tropfen, der vom Ozean erfüllt wird."

DIE AURA

Vicky Wall, die Aura-Soma begründete, behielt ihr Wissen über die Aura lange für sich. Ihr Vater hatte ihr dazu geraten. Dies mag damit zusammenhängen, dass es keiner der esoterischen Schulen, die auf diesem Planeten im Laufe der Jahrtausende existiert und die Welt der feinstofflichen Körper intensiv erforscht haben, jemals gelungen ist, zur gleichen Vision der Aura zu gelangen. Es existieren in diesem Bereich offensichtlich keine objektiven Kriterien.

Bis heute war die am meisten verbreitete Annahme, dass nur Personen mit außerordentlichen Fähigkeiten oder einer besonderen Vorbereitung, an darauf spezialisierten, oft esoterischen und schwer zugänglichen Schulen, definieren konnten, was die Aura nun eigentlich sei. Das Ergebnis war immer das Gleiche: Jeder hatte eine andere Sicht der Aura.

Für Vicky Wall stellt sich die Aura als farbiges Feld dar, das oberhalb des physischen Körpers liegt. Unter anderem war sie auch in der Lage, die „wahre Aura" zu sehen, die im Allgemeinen von anderen Experten ignoriert wird, die sie aber als „einen Stern im Zentrum des eigenen Seins" definierte, der in einer oder zwei Farben leuchtet.

Je mehr unser Bewusstsein sich erweitert, desto mehr wächst auch unsere Fähigkeit an, alles Lebende, das expandiert, zu sehen und wahrzunehmen. Wenn wir unser limbisches System stimulieren, unsere Chakras wieder harmonisieren und unseren feinstofflichen Körpern durch die liebevolle Anwendung von Aura-Soma und die Aktivierung des dritten Auges in der Meditation Nahrung zuführen, so wird sich das sicher auf unser inneres chemisches System auswirken und uns nicht nur die Möglichkeit verleihen, unsere innere Wahrnehmung zu entfalten, sondern auch unser inneres Leben auf intensivere Weise nach außen hin leuchten lassen.

Was die Aura betrifft, so halten wir uns in diesem Buch und in unseren Studien an das Modell von Aura-Soma, das mit dem übereinstimmt, was von den großen Eingeweihten gelehrt worden ist. Aura-Soma spricht auch von einem „Regenbogen-Körper".

Die Aura ist bei jedem Menschen verschieden, genau wie sein physischer Körper. Aus der Aura lässt sich die geistige und körperliche Gesundheit jedes Menschen ablesen, indem man einfach die Löcher oder die Farblosigkeit in dieser Hülle farbigen Lichts beobachtet. Man kann auch feststellen, ob eine oder mehrere Farben heller oder stumpfer sind. Wenn sie ganz fehlen, handelt es sich meist um eine Seele, die gerade dabei ist, ihren Körper zu verlassen. Wer die Aura zu beobachten vermag, kann auch feststellen, ob sich ein Chakra im Gleichgewicht befindet. Wenn eine Überfunktion vorliegt, wird die dem Chakra entsprechende Farbe sich besonders intensiv manifestieren; ist das gleiche Chakra hingegen schwach, so wird die entsprechende Farbe stumpf sein. Die Aura eines Erleuchteten ist weiß, was symbolisiert, dass er alle Ebene durchschritten hat, die mit den Farben des Regenbogens verbunden sind.

Wenn wir diese einfachen Dinge kennen, wird uns klar, warum es für jemanden, der sich heilen und in seinem Bewusstsein wachsen will, so wichtig ist, sich mit seiner Aura ernsthaft zu beschäftigen. Sie stellt unsere energetische Dimension und die materielle Spiegelung dessen dar, was wir auf spiritueller, emotionaler und geistiger Ebene erreicht haben.

In der Vision von Aura-Soma kann man die Aura in das elektromagnetische Feld, den ätherischen und den astralen Körper unterteilen. Diese drei zusammen werden als „Aura" bezeichnet.

Unabhängig davon existiert jedoch noch eine andere Aura, die als die „Wahre Aura" bezeichnet wird.

Die Wahre Aura

Die Konzentration auf die „Wahre Aura" ist für Aura-Soma sehr wichtig. Die „Wahre Aura" ist ein sehr kleiner Bereich, etwa von der Größe einer Walnuss, die zwei Zentimeter unter dem Bauchnabel und zwei Zentimeter innerhalb des Körpers liegt, im Bereich des „Hara", also im Zentrum des physischen Körpers. Was von diesem Punkt ausstrahlt, gleicht einer Sphäre aus Licht.

Die „Wahre Aura" ist die innere Essenz, die von einem Leben zum nächsten mitgenommen wird, von Ewigkeit zu Ewigkeit. In dieser Spirale der Evolution entfaltet sich unsere Existenz. Wir können sie auch als die „Akasha-Chronik" des einzelnen Menschen bezeichnen. Hier werden alle Informationen über die wichtigsten Ereignisse aufgezeichnet, die unsere Existenzen in der Vergangenheit geprägt haben. Wenn wir unsere Wahre Aura anschauen, können wir daraus auch ersehen, unter welchen Einflüssen unsere Zukunft steht.

Es stimmt zwar, dass die erste Flasche, die wir in einer Aura-Soma-Beratung wählen, mit unserer Wahren Aura in Verbindung steht, aber es ist auch wahr, dass manchmal oder vielleicht sogar meistens mehrere Beratungen notwendig sind, um jene Flasche zu wählen, die zu unserer Wahren Aura gehört. Dafür gibt es eine einfache Erklärung: Durch die Lage unserer Wahren Aura ist es möglich, dass sie manchmal von den anderen Anteilen der Aura abgedeckt und damit fast unsichtbar wird. In diesem Fall müssen wir zuerst die Wahre Aura von den anderen energetischen Einflüssen befreien, damit sie sich zeigen kann. Diese Arbeit kann einen langen Zeitraum einnehmen. So erklärt sich die Tatsache, dass eine Person oft Jahre benötigt, um ihre Wahre Aura zu erkennen.

Im Tibetischen Totenbuch finden wir die folgende Erklärung dafür: Nach unserem körperlichen Tode durchläuft unsere Wahre Aura, unsere Essenz, einen speziellen Raum, den die Tibeter "Bardo" nennen. An einem bestimmten Punkt dieses Verlaufs fühlt sich unser Bewusstsein von einer besonderen Farbe angezogen. Diese Farbe leitet uns dann in unsere nächste Inkarnation und legt damit die Farbe unserer Wahren Aura in dieser Inkarnation fest, den „Seelenstrahl", zu dem wir gehören. Dieser Strahl bestimmt, wo sich das Zentrum unserer Erfahrungen in der nächsten Inkarnation befinden wird. Die Pomander können eine große Hilfe bei der Entdeckung und Verstärkung der Wahren Aura leisten.

Für Vicky Wall war die Wahre Aura sehr wichtig. In dem Moment, wo sich unsere Wahre Aura befreit hat und sich ungehindert zum Ausdruck bringen kann, nimmt unser Leben meist eine entscheidende Wende. Von dem Moment an, in dem es uns gelingt, uns mit der Schwingung unserer Wahren Aura und des Seelenstrahls, zu dem wir gehören, in Einklang zu bringen, steht uns auf der energetischen Ebene eine große

Hilfe zur Verfügung. Die Ereignisse in unserem Leben geschehen dann nicht mehr aus reinem Zufall, sondern wir können darin die Konsequenzen vergangener Handlungen erkennen und uns bewusst werden, dass alles, was wir heute denken und tun, unsere Zukunft festlegt. Wir erkennen uns also oder erinnern uns an unsere Verantwortung als Mit-Schöpfer des göttlichen Universums. Dieses Geschehen wird in den Mysterienschulen als die „Erste Einweihung" bezeichnet, als „sannyas" im spirituellen Weg des Ostens. Das ist auch die tiefere Bedeutung der Rolle von Johannes dem Täufer.

Wenn wir die Wahre Aura erkennen, bedeutet das den Beginn des Weges, der zur Selbsterkenntnis führt.

Die feinstofflichen Körper

Auch über die feinstofflichen Körper gibt es verschiedene Versionen. Wir werden uns hier darauf beschränken, über jene Struktur der feinstofflichen Körper zu sprechen, die zum System von Aura-Soma gehören.

Die feinstofflichen Körper sind mehrere Schichten von Energie, die unseren physischen Körper wie eine Hülle über der anderen umgeben. Jeder dieser feinstofflichen Körper wird von einem Strahl in einer besonderen Farbe beleuchtet, und diese Farbstrahlungen bringen nicht nur jedem einzelnen Körper Heilung, sondern helfen auch dabei, eventuell vorhandene energetische Blockierungen im kreativen Ausdruck zu transformieren.

Die feinstofflichen Körper, von denen wir in diesem Buch sprechen, sind diejenigen, die die Aura bilden und auf die wir mit Aura-Soma direkten Einfluss nehmen können.

Das elektromagnetische Feld

Das elektromagnetische Feld liegt sehr nahe beim physischen Körper, bis zu vier oder fünf Zentimetern über der Hautoberfläche. Es ist extrem verletzlich und reagiert sehr schnell auf den Zustand des ersten Chakras und auf die Energie des Augenblicks. Wir könnten es auch als eine Momentaufnahme des „Hier und Jetzt" bezeichnen. Tatsächlich ist es möglich, dieses Feld mit der Kirlian-Photographie abzulichten. Diese Methode wurde von einem russischen Wissenschaftler-Paar erfunden. Er benutzt hohe elektrische Entladungen, um auf Photopapier die Bilder jener energetischen Dimension zu materialisieren. Das elektromagnetische Feld ist nichts anderes als die „twilight zone", jene Zone des Übergangs, in der sich das vor unserem Auge unsichtbare Energiefeld in ein sichtbares verwandelt. Wir können es auch so ausdrücken: Das energetische Feld ist der „materiellste" Teil der Aura. Es ist direkt mit den vitalen Vorgängen in unserem Körper verbunden. Weil das elektromagnetische Feld auf einer tiefen Ebene mit diesen vitalen Prozessen verbunden ist, befindet es sich als Ergebnis davon in einem ständigen Wandlungsprozess. Daher genügt bereits die Welle einer bestimmten Emotion, um die vorherrschende Farbe des energetischen Feldes zu verändern. In analoger Weise tritt das Licht zuerst mit dem elektromagnetischen Feld in Resonanz. Durch das elektromagnetische Feld entsteht etwa die Ruhe des blauen Lichts, während das erste Chakra durch rotes Licht angeregt wird.

Das elektromagnetische Feld ist auch der einzige Teil, der bei den so genannten Apparaten zur „Aura-Photografie" (einer Vereinfachung der Kirlian-Photografie) sichtbar wird. Dabei würden zehn hintereinander aufgenommene „Aura-Photos" zehn verschiedene Ergebnisse zeigen.

Das elektromagnetische Feld ist auch der Teil, der durch das Auftragen des Equilibrium-Öls auf die Haut angeregt wird. Gerade dadurch sind viele wunderbare Heilungen mit Hilfe von Vickys Ölen zustandegekommen. Durch diese Stimulierung des elektromagnetischen Feldes können wir die Lebenszentren auf hormoneller, emotioneller und nervlicher Ebene erreichen, mit einer Geschwindigkeit, die bei weitem die der biochemischen Kommunikation übertrifft. Es ist, als hätten wir eine besondere Empfehlung, durch die unsere Botschaft direkt beim zuständigen Minister ankommt, ohne die Risiken der heimtückischen Wege der Bürokratie. Damit kann vermieden werden, dass unser Antrag auf dem Grunde einer Schublade verschwindet und dort der Geistesblitze zukünftiger Generationen harrt. Das elektromagnetische Feld gehört zum ersten Chakra, zu allen Themen des Überlebens und damit auch zum Herzen. Aus diesem Grund können wir die Kraft der Elektrizität, die ja nichts anderes ist als eine elektromagnetische Kraft, zur Wiederbelebung einer Person benutzen, deren Herz stehen geblieben ist und die ohne diesen starken elektromagnetischen Impuls dazu verurteilt wäre, ihren physischen Körper zu verlassen. Die Erforschung der Phänomene des elektromagnetischen Feldes des Menschen wird ein Teil der wissenschaftlichen Forschung sein, die uns im kommenden Jahrtausend heute noch undenkbare Entwicklungen bringen wird.

Der ätherische Körper

Außerhalb des elektromagnetischen Feldes liegt der ätherische Körper. Er befindet sich in etwa zwanzig Zentimeter Entfernung vom physischen Körper.

Ätherisch - schon das Wort allein erinnert an blasse Mädchen zu Beginn des letzten Jahrhunderts, die bei jedem Windhauch in Ohnmacht fielen, Marien in Ekstase oder Engel, die auf himmlischen Wolken singend dahinschweben. Es erinnert jedoch auch an den Äther als das fünfte Element der Alchemisten, das auch als „universales Fluidum" bekannt war. Besteht unser ätherischer Körper etwa aus diesem Fluidum? Wir wissen es nicht. Wir wissen nur, dass der ätherische Körper auf eine Weise strukturiert ist, die nicht den Gesetzen der elektromagnetischen Wellen unterliegt.

Wenn das elektromagnetische Feld zum ersten Chakra gehört, so ist der ätherische Körper mit dem zweiten Chakra verbunden. Wie bei der ansteigenden Skala der Chakras die Lebensenergie sich verfeinert, so finden wir auch auf der Ebene der feinstofflichen Körper eine Verfeinerung. Auch wenn wir nicht wissen, woraus der ätherische Körper besteht, so kennen wir doch zahlreiche Erscheinungen, die den informativen Inhalt des ätherischen Körpers betreffen. Das elektromagnetische Feld ist der Teil, der sich in ständiger Bewegung befindet, während im ätherischen Körper eine weitaus stabilere Dimension vorherrscht. Veränderungen im ätherischen Körper gehen mit mehr Schwierigkeiten und langsamer vor sich. Verletzungen und Störungen können weniger schnell ausheilen.

In diesem Bereich sind sämtliche Traumata und Schocks dieses und der vergangenen Leben registriert.

Der ätherische Körper ist mit der Energie des zweiten Chakras und seinen Themen wie Abhängigkeit, Co- Abhängigkeit, Sexualität oder dem Ausdruck der Emotionen verbunden.

Anscheinend ist es dem Organismus nicht möglich, spezielle emotionale Erfahrungen zu erinnern, zu strukturieren oder gar zu erschaffen, ohne sich dabei eines Resonanzkörpers zu bedienen, der außerhalb des physischen Körpers liegt, also im ätherischen Bereich. Der ätherische Körper scheint jedoch in der Lage zu sein, zumindest vorübergehend unser Bewusstsein aufzunehmen.

Das finden wir in den Beschreibungen von Personen wieder, die starke Traumata, wie Unfälle, Gewalt, operative Eingriffe oder ähnliches erlebt haben. Viele von ihnen berichten, sie hätten dabei eine besondere Erfahrung gemacht. Es war ihnen, als ob sie sich außerhalb ihres Körpers befunden hätten. Als ob ihnen all das widerfahren sei, wobei sie aber gleichzeitig eine andere Person gewesen seien. In diesem Moment hatte sich ihr Bewusstsein in den ätherischen Körper begeben. Wenn das Trauma besonders stark ist, bewegt sich das Bewusstsein, oder wenigstens ein Anteil von ihm, noch weiter weg und nimmt dabei einen Teil des ätherischen Körpers mit; dabei entsteht das berühmte „Loch in der Aura", das Vicky Wall beschreibt. Leider geschieht es häufig, dass nach dem Trauma dieser Teil des Bewusstseins nicht mehr zurückkommen kann; dann sagen diese Menschen: „Die Operation ist sehr gut verlaufen, aber ich bin nicht mehr derselbe." Oft gelingt es Menschen nicht, die Konsequenzen eines erlittenen Traumas zu überwinden oder zu heilen, obwohl schon Jahrzehnte vergangen sind. In solchen Situationen, so behauptet die schamanische Tradition, hat dieser Mensch einen Teil seiner Seele, einen Geistführer oder etwas anderes verloren.

Vicky hat dieses Phänomen als „die Flucht der Aura" beschrieben. Mit der Equilibrium-Flasche Nr. 26 und dem orangefarbenen Pomander können wir eine Behandlung auf dieser Ebene in Angriff nehmen.

Der Astralkörper

Der Astralkörper liegt etwa dreißig Zentimeter außerhalb des physischen Körpers. Er ist von einem gelben Lichtstrahl erhellt und mit dem dritten Chakra verbunden. In der gleichen Weise wie das dritte Chakra, steht auch der astrale Körper in Verbindung mit der Sonne, der Expansion und der Überwindung unvorstellbarer Entfernungen.

Auch im Astralkörper sind Erfahrungen aus früheren Leben oder aus diesem Leben registriert, aber in diesem Körper geschieht das auf eine ganz besondere Weise. Es handelt sich dabei um Erfahrungen, die mit unserem Bewusstsein und mit dem zu tun haben, was wir verwirklichen konnten. Wir verdanken es unserem Astralkörper, wenn wir an einem bestimmten Punkt unseres Lebens Zugang zu Erfahrungen bekommen, die wir in vergangenen Leben verwirklicht haben. Aus der Kenntnis dieser Tatsache haben die Inder die Kasten eingerichtet. Auf diese Weise - so war es jedenfalls am Anfang gedacht - wurde eine zukünftige Wiedergeburt in einer Umgebung möglich, die den größten Schutz und die beste Ausnutzung der Verwirklichungen bot, die im Astralkörper eines neugeborenen Wesens gespeichert waren.

Dank dieses Körpers können wir astrale Reisen unternehmen, sowohl im Schlaf als auch in bestimmten Bewusstseinszuständen, wie etwa der Meditation. Die Schamanen aller Traditionen haben sich ihres Wissens über die Dynamik des Astralkörpers bedient, um Reisen in dieser und in anderen Dimensionen zu unternehmen.

Der Astralkörper wird durch das Licht unserer Bewusstheit genährt. Wir können ihn mit Hilfe der Quintessenzen anregen, wobei wir unser tiefstes Streben nach der Erkenntnis unseres Selbst und dem Göttlichen wieder erwecken.

5. AURA-SOMA
ALS SPIEGEL DER SEELE

Farbe und Bewusstsein

Wenn Energie sich zu manifestieren beginnt, erscheint sie zuerst als weißes Licht. Das reine weiße Licht steht dem Zustand der Energie am Nächsten.

Bereits in der Genesis steht. „Es werde Licht" sagte Gott, als er die Welt erschuf.

Aber aus der Bibel wissen wir auch, dass „am Anfang das Wort war". Das Wort bezieht sich auf den Geist, auf den energetischen Zustand. Es ist klar, dass vor der materiellen Manifestation die energetische Wirklichkeit bereits bestehen muss. Diese energetische Wirklichkeit wird in der Bibel als „Wort" symbolisiert. Im Aura-Soma-System sieht man die Interaktion dieser beiden Konzepte auf einer tieferen Ebene. Wenn man vom energetischen Zustand zur Manifestation geht, erblickt man nach dem weißen Licht dessen Aufteilung in die Farben. Daher sind die Farben die dem reinen energetischen Zustand am nächsten gelegene Erscheinung, die man auf der materiellen Ebene erreichen kann.

Beim Menschen ist das sicher das Bewusstsein, der Teil, der dem energetischen Zustand am nächsten und der materiellen Ebene am weitesten entfernt liegt. Setzt man die menschliche Wirklichkeit in Beziehung zur Welt der Physik, so erkennt man, dass zwischen den Farben und dem Bewusstsein eine tiefe Verbindung bestehen muss, eine Synergie oder ein Parallelismus. Schon das „Tibetische Totenbuch" spricht von dieser Verbindung. Das Totenbuch beschreibt den Übergang des menschlichen Wesens von dieser Welt in die andere und seine Rückkehr in diese Welt. Man sollte daher im Auge behalten, dass die Tibeter immer einen sehr

„materialistischen" oder „konkreten" Zugang zur Spiritualität hatten. In der tibetischen Philosophie ist die Spiritualität niemals eine Sache des Jenseits oder eine Angelegenheit für wenige Bevorzugte gewesen. In der tibetischen Vision ist die spirituelle Dimension die natürliche Fortsetzung der menschlichen Existenz. Zur Entwicklung der Spiritualität war lediglich die richtige Lehre und eine Hierarchie erforderlich, die eine Kontinuität durch den Wandel der Zeiten ermöglichte.

Die Tibeter begannen bereits sehr früh, nach Verbindungen zwischen dem Materiellen und dem Spirituellen zu suchen. Das war der Grund, warum sie z.B. schon vor Jahrtausenden nach Methoden suchten, um durch chirurgische Eingriffe bestimmte energetische Zentren zu öffnen, wie etwa das „dritte Auge". Es ist wichtig, sich dieser Faktoren bewusst zu sein, damit man verstehen kann, dass die Tibeter nicht etwa Spekulationen auf Grund der Visionen weniger Eingeweihter anstellten, sondern ganz im Gegenteil auf starken Fundamenten aufbauten, die wir in ihrer Art als „wissenschaftlich" bezeichnen könnten.

Wissenschaftlich ist das, was von verschiedenen Personen mit dem gleichen Ergebnis wiederholt werden kann.

In dieser Optik sollte man das betrachten, was die Tibeter im „Totenbuch" verewigt haben. Aus diesem Grund hat es auch die Jahrhunderte überlebt und wird heute noch in zahlreichen Sprachen veröffentlicht.

Nach dem Totenbuch gehen wir, wenn wir den Körper verlassen oder"das Bewusstsein verlieren", auf eine andere Ebene über, die nicht mehr zur materiellen Ebene gehört. Dann wird sie (unsere Seele, unsere Wahre Aura, der unsterbliche Teil in uns) durch die Farben in die andere Welt begleitet und spiegelt sich in diesen Farben.

Daher können wir sagen, dass die Farben der Spiegel der Seele sind. Eine Lehre, die Vicky Wall bestätigte, obwohl sie niemals das Totenbuch kennen gelernt hatte!

Die Wahl der Farben

Auch die Art der Farben, die wir im Alltag auswählen, ist ein Ausdruck unseres Bewusstseins. Wenn man sich die Farben anschaut, die eine Person für sich aussucht, kann man daraus schon Rückschlüsse auf das Bewusstsein dieses Menschen ziehen und darauf, wie dieses Bewusstsein sich auf physischer, mentaler und emotionaler Ebene ausdrückt. Leider wird jedoch unsere Wahl der Farben für den Alltag heutzutage von sehr vielen äußeren Faktoren bestimmt, die wenig mit unserem Bewusstsein zu tun haben, von der jeweiligen Mode, stilistischen und ästhetischen Überlegungen, der Verfügbarkeit einer Farbe auf dem Markt und anderem. Daher wird es im Alltag fast unmöglich, zu den vorhin genannten Rückschlüssen in Bezug auf die Farbwahl zu kommen. Wir brauchen dazu ein spezielles Instrument und eine besondere Situation, in der die Synchronizität zwischen den Farben und dem Bewusstsein am besten verwirklicht werden kann.

Dieses Instrument sollte noch eine weitere Eigenschaft haben. Es sollte unserem höheren Selbst die Wahl überlassen. Dabei handelt es sich nicht um das von unseren Konditionierungen eingeschränkte Ich, sondern um jenes reine Ich, das unserer Essenz näher steht, jenem Teil unseres Bewusstseins, das uns auf diesem Planeten zur Welt kommen und vom energetischen Niveau des reinen Lichts auf die materielle Ebene hinuntersteigen ließ. Ein Instrument, das nicht von unserem Verstand, von unseren ästhetischen Vorlieben oder unserem Geschmack beeinflusst wird.

Dieses Instrument hat uns nun Vicky Wall zur Verfügung gestellt. Es handelt sich um alle Farbkombinationen, die sich uns in der vollständigen Skala der Equilibrium-Flaschen von Aura-Soma präsentieren.

Die Wahl der Equilibrium-Flaschen

Was sind nun die Equilibrium-Flaschen? Es handelt sich hierbei um über hundert Farbkombinationen, von denen einige die gleiche Farbe im oberen und im unteren Teil haben. Aber bei der Mehrzahl sind die beiden Farben verschieden. Diese Kombinationen können einen großen Teil unseres Bewusstseins widerspiegeln. Es ist für viele Menschen ungewöhnlich, sich vor Farbkombinationen hinzustellen und eine oder mehrere daraus zu wählen. Das ist der Grund, weshalb die oben beschriebenen Einflüsse hier wegfallen.

Die Equilibrium-Flaschen werden im Rahmen einer besonderen "Aura-Soma-Beratung" ausgewählt. Dieses Vorgehen hilft dabei, sich zu zentrieren und ermöglicht es so, in einen tieferen Kontakt mit dem eigenen Bewusstsein zu treten.

Außerdem ist die Unterstützung eines Aura-Soma-Beraters notwendig, der bei diesem Prozess hilfreich zur Seite steht und die Bedeutung der Tatsache beurteilen kann, dass die Auswählenden in ihrer Wahl von ihrem höheren Selbst geleitet werden. Dieser Eingriff von „Energie auf Energie" in Form der Anwesenheit eines Beraters hilft dabei, leichter in Kontakt mit der inneren Essenz zu treten.

Auch schon die alleinige Präsenz der Equilibrium-Flaschen kann von großer Unterstützung sein. Diese Equilibrium-Flaschen bestehen aus einer ganz besonderen Mischung. Sie enthalten die Energien der Mineralien, also die Energie des ältesten Bewusstseins auf diesem Planeten, sowie die Energien des Pflanzenreichs. Intensive Energien, die mit allen Prozessen des Metabolismus in unserem Körper verbunden sind, und die Energien der Farben, die in tiefem Einklang mit unserem Bewusstsein stehen. Die Kombination dieser Energien macht es möglich, dass in unserem Innersten ein sehr tiefer, alter und authentischer Anteil angesprochen wird. Man könnte diesen Teil auch als „Überbewusstsein" bezeichnen, das in größtmöglicher Nähe zum Lichtbewusstsein liegt.

Wer täglich mit Aura-Soma arbeitet, hat die Möglichkeit, dies leicht zu überprüfen. Tatsächlich kommentieren die Menschen ihre Wahl oft mit Sätzen wie: „Ich weiß nicht, warum ich diese Flasche gewählt habe; die Farbe gefällt mir nicht einmal" oder „Ich hätte nie gedacht, dass ich diese Flasche wählen würde".

Der Spiegel und das Bewusstsein

Ein Spiegel hat die Funktion, das, was sich vor ihm befindet, zu reflektieren, ohne es zu verändern. Wenn wir in einen normalen Spiegel schauen, sehen wir unseren Körper, werden uns seiner Form bewusst und können ihn durch diese Bewusstwerdung verändern, uns um ihn kümmern. All diese Möglichkeiten hätten wir ohne den besagten Spiegel kaum.

Aura-Soma hat die gleiche Funktion. Die Equilibrium-Flaschen dienen als Spiegel für unser Bewusstsein. Wenn wir unser gespiegeltes Bewusstsein sehen, haben wir sämtliche Möglichkeiten, die uns auch ein Spiegel auf physischer Ebene bieten würde: Wir können uns erkennen, uns um uns kümmern und unsere Essenz verändern. Nur handelt es sich bei Aura-Soma um eine Ebene des Bewusstseins, ein sehr energetisches Niveau. Dieses Bewusstsein ist die Ursache aller Manifestationen, bis hin zur körperlichen Ebene. Selbstverständlich sind dort die Möglichkeiten, einzugreifen und das Bewusstsein zu verändern, unendlich viel größer als z.B. auf der körperlichen Ebene.

Es ist eine Sache, sich etwa einem Eingriff der Schönheits-Chirurgie zu unterziehen, eine andere jedoch, die Spannungen, Ängste und Leiden anzuerkennen und mit Hilfe der geeigneten Mittel das Denken, Fühlen und die Lebensführung auf eine Weise zu verändern, die sich im Gesicht mit einer Schönheit spiegelt, die keine Schönheits-Chirurgie jemals verleihen kann.

Es fällt uns nicht schwer, zu interpretieren, was uns ein physischer Spiegel reflektiert. Daran haben wir uns inzwischen gewöhnt. Als der Mensch zum ersten Mal auf der Oberfläche eines ruhigen, sauberen Sees sein eigenes Spiegelbild erblickte, war das mit Sicherheit nicht so. Der

Mensch suchte eine Erklärung für dieses Phänomen, sonst hätte er nur mit großer Angst reagiert.

Das Gleiche gilt für Aura-Soma, als einen Spiegel des Bewusstseins. Die menschliche Spezies ist noch jung und steht erst am Anfang ihrer Evolution; daher ist sie es nicht gewohnt, ihr Bewusstsein im Spiegelbild zu sehen und könnte darauf leicht mit Angst reagieren, die sich als Misstrauen, eine Tendenz, nicht hinsehen zu wollen oder durch Lächerlichmachen manifestiert.

Die Wahl und ihre Erklärung

Es ist notwendig, dass die Wahl der Farben als die Spiegelung des Bewusstseins von einer Person interpretiert und erklärt wird, damit die betreffende Person in der Lage ist, die Sprache der Farben zu entschlüsseln. Von allein könnten wir kaum diesen Spiegel des Bewusstseins in seiner gesamten Tiefe verstehen. Und nicht nur das: Die Anwesenheit eines anderen Menschen hält uns besser mit der Erde verbunden, hilft uns, überflüssige Spekulationen zu vermeiden und verhindert, dass wir diesen Spiegel so interpretieren, wie es uns gerade passt, anstatt das zu sehen, was er in Wirklichkeit darstellt. Dazu kommt es, weil wir noch nicht die notwendigen Kenntnisse erworben haben, um den Spiegel des Bewusstseins mit der gleichen Leichtigkeit zu interpretieren, mit der wir es bei einem gewöhnlichen Spiegel tun.

Erst wenn wir in der Lage sein werden, uns selbst so gegenüber zu treten, wie wir sind, ohne etwas ändern zu wollen, sondern indem wir einfach das annehmen, was da ist, werden wir keine Erklärungen mehr benötigen, um die Botschaft der Farben zu interpretieren, und wirklich unabhängig werden. Leider sind wir als Spezies noch weit von dieser Bedingung entfernt.

Wie ein guter Freund, der uns Ratschläge über das Bild des gewöhnlichen Spiegels, also über Kleidung oder Frisur, erteilen kann, so ist ein qualifizierter Berater in der Lage, uns Ratschläge und Trost zu den notwendigen Handlungen zu geben, die durch die Wahl der Flaschen deutlich geworden sind.

6. WIE HEILT AURA-SOMA?

Bis hierher haben wir die energetische Situation und die Grundprinzipien der Heilung erklärt, sowie die Grundstruktur von Aura-Soma. Wir können nun diese Informationen verwenden, um zu sehen, auf welche Weise Aura-Soma wirkt.

Gesund sein heißt, im Gleichgewicht zu sein

Um von der Heilung zu sprechen, sollten wir zunächst einmal darauf eingehen, was davor geschieht. Wenn wir Heilung benötigen, so bedeutet das, dass wir uns in einem Zustand der „Krankheit" befinden. In Wirklichkeit sind wir alle zutiefst krank, wenn wir daran denken, dass wir das Ebenbild Gottes sein sollten. Im übertragenen Sinne können wir die „Krankheit" als Nicht-Verwirklichung unserer Ganzheit als Individuen betrachten. Es ist einleuchtend, dass sich diese „Krankheit" im Laufe der Zeit auf verschiedenen Ebenen manifestieren kann: Vom Gefühl, von der Einheit des Lebens getrennt zu sein, bis zu einem Schmerz im Zeh.

Wir benötigen jedoch auch einen Bezugspunkt, eine Vorstellung von dem, was man als gesund ansehen kann. Der Begriff „gesund" kann auf viele verschiedene Dinge angewandt werden. Wir können von einer gesunden Person, einem gesunden Unternehmen, einer gesunden Pflanze sprechen. Wenn wir kurz darüber nachdenken, um einen gemeinsamen Nenner unter all diesen „gesunden" Dingen zu finden, welche Eigenschaft also ihre „Gesundheit" ausmacht, werden wir als Gemeinsamkeit das Gleichgewicht finden. Ein gesundes System befindet sich immer im Gleichgewicht. Dieses Gleichgewicht ist einfach deshalb wesentlich, weil die Welt der Manifestationen aus Gegensätzen, aus Dualismen, besteht.

Der Atem des Universum ist die Materialisierung und die Entmaterialisierung - „Wie oben, so unten". Was für das gesamte Universum gilt, ist auch für jeden Aspekt gültig, aus dem es besteht. Wenn wir z.B. eine Zelle betrachten, die kleinste Einheit, die von allein überleben und sich fortpflanzen kann, so können wir feststellen, dass eine gesunde Zelle diejenige ist, bei der sich Zustrom und Ausstoß energetisch im Gleichgewicht befinden.

Bei einem gesunden Unternehmen liegen Einnahmen und Ausgaben im Gleichgewicht; eine gesunde Pflanze ist im Gleichgewicht zwischen Verbrennung und Materialisierung oder Wachstum und so weiter. Wenn wir uns die westliche und die östliche Kultur ansehen, finden wir das gleiche Konzept: Buddhas „goldener Weg der Mitte" ist das Gleichgewicht. Das Christus-Wort "Liebe deinen Nächsten wie dich selbst" ist das Gleichgewicht, und auch „die aufsteigende und absteigende Oktave" Gurdjieffs beschreibt das Gleichgewicht.

Gesund zu sein bedeutet, sich im Gleichgewicht zu befinden. Krank zu sein heißt, dieses Gleichgewicht verloren zu haben.

Man weiß heute, dass jede Art von Krankheit mit einem Verlust des Gleichgewichts beginnt. Jede einzelne Zelle verliert ihr Gleichgewicht von energetischem Zustrom und Ausstoß. Wenn also der Verlust des Gleichgewichts krank macht, dann folgt daraus, dass das Wiederfinden des Gleichgewichts Heilung bedeutet, Gesundheit also mit Gleichgewicht gleichzusetzen ist.

Vicky Wall lernte diese Konzepte von ihrem Vater, einem Meister der Kabbalah. Die jüdische Kultur kannte dieses Konzept des Gleichgewichts von Anfang an. „Auge um Auge, Zahn um Zahn" war noch nie als eine Aufforderung zur Rache oder zum Angriff zu verstehen. Es bedeutete nichts anderes als eine symbolische, in der Sprache der damaligen Zeit ausgedrückte Botschaft, die genau Folgendes aussagte: Gleichgewicht - geben, was wir empfangen haben und empfangen, was wir gegeben haben - nicht mehr und nicht weniger.

Aus dieser tiefen Erkenntnis der wesentlichen Bedeutung des Gleichgewichts hat Vicky Wall die Aura-Soma-Flaschen „Equilibrium" oder „Balance" - Gleichgewicht - genannt.

86

Das Gleichgewicht und sein Verlust

Jeder von uns kommt als einzigartiges Individuum zur Welt und ist verschieden von jedem anderen Menschen, der jemals auf diesem Planeten existiert hat oder in Zukunft existieren wird. Jeder von uns ist unwiederholbar.

Unsere körperliche Form, unsere emotionale und geistige Veranlagung entspricht einer identischen Anordnung auf energetischer Ebene folglich auch einer bestimmten Zusammensetzung von Farben und einer bestimmten Aura.

Bis jetzt wissen wir noch sehr wenig über die in der Aura enthaltenen Informationen. Unsere ursprüngliche, gesunde Aura verändert sich im Laufe der Zeit. Verwirklichungen, Erfahrungen, Traumata und Verletzungen hinterlassen ihre Spuren darin.

Wie bereits gesagt, kommt es zunächst zur subtilsten, zur energetischen Manifestation, die sich erst danach auf materieller Ebene ausdrückt. Das heißt, auf jede energetische Veränderung folgt eine materielle Veränderung. Aber auch das Gegenteil gilt: Auf jede physische, emotionale oder mentale Veränderung folgt eine energetische auf der Ebene unserer Aura.

So kommt es, dass mit der Zeit die Farben unserer Aura immer weniger der ursprünglichen Anordnung entsprechen. Wir beginnen, unser energetisches Gleichgewicht, und in der Konsequenz auch das Gleichgewicht auf den anderen Ebenen, zu verlieren. Das Ergebnis eines solchen Gleichgewichtsverlustes kann sich auf unendlich viele verschiedene Arten manifestieren. Die Art, in der es in Erscheinung tritt, hängt vor allem von der individuellen Konstitution, von den Umständen und den erworbenen Konditionierungen ab.

So kann der eine Mensch Bluthochdruck entwickeln, ein anderer Magen- oder Knochenprobleme, ein dritter Impotenz; ein anderer wiederum kann sich in eine Manie steigern, ständig arbeiten oder depressiv werden.

An diesem Punkt sollten wir uns daran erinnern, dass Gleichgewicht nicht „Gleichheit" bedeutet. Man könnte nämlich in den Irrtum verfallen, zu denken, wir würden alle gleich, wenn wir unser Gleichgewicht erlangten. Das ist keineswegs der Fall. Das Individuum ist immer einzigartig und unwiederholbar, unabhängig von der Tatsache, ob es sich nun im Gleichgewicht befindet oder nicht.

Auf der Ebene unserer Aura kann sich ein Gleichgewichtsverlust durch das Fehlen einer Farbe, das übermäßige Vorhandensein einer anderen oder durch „Löcher" in der Aura manifestieren, das sind Zonen, in denen ein Teil der Aura ganz zu fehlen scheint. Hier greift Aura-Soma ein, um unser Gleichgewicht wiederherzustellen und damit Heilung zu bringen.

Phasen der Heilung

Zu Beginn des Buches wurde ausgeführt, dass die Heilung oft eine längere Zeit benötigt und in Phasen vor sich geht. Auch die Heilung durch Aura-Soma besteht darin, zunächst einmal zu erkennen, was denn geheilt werden sollte. Es geht um das Auffinden des Ungleichgewichts. In dieser Phase ist generell eine Aura-Soma-Beratung zu empfehlen, weil sie die größten Möglichkeiten zur Erkennung des Problems bietet. Diese erste Phase ist jedoch nicht auf eine einfache Aura-Soma-Beratung beschränkt. Auch bei der Lektüre dieses Buchs könnte zum Beispiel ein Bedürfnis nach der Heilung eines Chakras, eines Körperteils oder eines bestimmten Lebensbereichs auftreten. Wir könnten aber auch durch einen Wachstums-Prozess des Bewusstseins, wie etwa die Teilnahme an einer Meditation, einem Kurs, einer Gruppe oder einem Training, ein spezielles Ungleichgewicht oder ein besonderes Bedürfnis nach Heilung bemerken.

Nach dieser ersten Phase folgt die zweite, die in der Benutzung der von Vicky Wall geschaffenen Produkte besteht. Die Arbeit, die wir mit den zu heilenden Themenkomplexen machen, bringt auf sehr vielen

Ebenen Veränderungen hervor, die oft in einer Weise geschehen, über die wir uns nicht sofort klar werden.

An einem bestimmten Punkt können wir jedoch das Bedürfnis nach einer Überprüfung verspüren. Wir möchten wissen, wie weit wir im Heilungsprozess gekommen sind. Auch diese Klärung unterliegt keiner bestimmten Form, auch wenn eine erneute Beratung uns weitere Informationen liefern könnte. Die Überprüfung ist in der Tat die dritte Phase der Heilung und gleichzeitig die erste Phase einer neuen Heilung. Auf diese Weise geraten wir in eine Art „wohltuenden Kreis", der zu immer tieferen Heilungen führt und sich im Lauf der Zeit in vielen Aspekten unseres Lebens so konkretisiert, wie wir es heute vielleicht noch für unmöglich halten. Die Zeugnisse, die ihr in diesem Buch findet, werden euch zeigen, dass Vicky Wall nicht übertrieben hat, als sie ihr Buch in der Originalfassung „Das Wunder der Farbheilung" nannte.

Betrachten wir jetzt im Einzelnen, durch welche Mechanismen die vier Aura-Soma-Produkte, - Equilibrium, Pomander, Quintessenz und Tinktur - wieder ein Gleichgewicht herstellen.

Balance

Die Equilibrium-Flasche, die wir nach einer Beratung anwenden, steht in tiefer Resonanz mit unserem gesamten energetischen, physischen, emotionalen und mentalen System. Besonders wichtig ist die Resonanz mit unserem Bewusstsein, die uns dazu gebracht hat, gerade diese Mischung zur Heilung auszuwählen.

In der Flasche sind die Energien der Kristalle, der Essenzen und der aromatischen Öle der Pflanzen enthalten, jener Pflanzen und Minerale, die mit dieser bestimmten Farbe in Resonanz stehen. Wir benutzen praktisch die Farbe als „Signatur" oder als Schlüssel, um die verschiedenen Spielarten des Phänomens „Energiefeld" miteinander zu verbinden. In dem Moment, wo wir das Öl auf den Körper auftragen, wird ein Teil seines energetischen Inhalts von unserer Aura, unserem Energiekörper, aufgenommen.

Auf diese Weise liefern wir selbst die Schwingung der Farbe, die wir benötigen. Welchen Verlauf nimmt jedoch die physische Substanz?

Wir sollten hinzufügen, dass der Inhalt der Equilibrium-Flaschen absolut natürlich ist und keine chemischen Zusätze enthält. Was bedeutet, dass der Inhalt einer Flasche sich in seiner spezifischen Komposition verändert, besonders auf energetischer, aber auch auf biologischer Ebene, und zwar in Verbindung mit den energetischen Veränderungen des Augenblicks.

Der Nachteil eines chemischen Produkts ist, dass es sich nie verändert, trotz Schnee, Regen oder Wind bleibt es immer gleich. Das ist bei einem natürlichen Produkt nicht so. Das natürliche Produkt ist vielmehr die materielle Manifestation von energetischen Bedingungen, die mehr oder weniger zeitgebunden sind. Es ist das Ergebnis von Wind, Sonne oder Wärme, die ihrerseits Ausdruck der aktuellen energetischen Wirklichkeit sind. Wir werden von diesen natürlichen Erscheinungen viel mehr beeinflusst, als wir denken. Das Klima übt einen sehr starken Einfluss auf unseren Organismus aus; und sicher ist auch unser Organismus nicht immer „gleich". Unsere Zellen befinden sich in einem ständigen Prozess der Veränderung. Dein Körper von heute enthält nur einen Teil desselben Körpers vom Vorjahr; denn vieles ist schon ersetzt worden. Deshalb ist ein Naturprodukt immer „aktuell", während das chemische fast immer „außerhalb der Phase" liegt.

Wenn wir ein Öl anwenden, bieten wir unserem Körper die Möglichkeit, es aufzunehmen. Die Haut ist „halb durchlässig", sie verfügt daher über die Sensibilität, das, was aufgenommen wird, zu verändern. Auf diese Weise verarbeitet unsere Haut nur das, was auch auf energetischer Ebene mit uns in Resonanz steht.

Sowohl die Substanzen der Pflanzen als auch ihr energetischer Inhalt verbreiten sich im Organismus nach Gesetzen, die uns heute noch nicht klar sind. Sie werden sicher durch das Lymphsystem übertragen. Die Organe, die mit der größten Sensibilität auf die materielle Wirkung der in den Equilibrium-Flaschen enthaltenen Substanzen reagieren, sind die hormonellen Drüsen. Diese Substanzen wirken jedoch noch auf eine andere Weise auf unseren Organismus, die unabhängig davon ist und von der wir heute noch nicht wissen, wie sie funktioniert. Wahrscheinlich geschieht das in jenem sehr wichtigen Bereich, der heute so etwas wie die „letzte Grenze" der offiziellen Wissenschaft darstellt, der so genannten „Psycho-Neuro-Immunologie" oder „Psycho-Neuro-Endokrinologie". In einfachen Worten ausgedrückt, dem Gebiet, in dem unsere Psyche mit den Nerven und dem Hormonsystem in einer Wechselwirkung steht.

Zusätzlich wird mit jeder Anwendung der Öle unser Bewusstsein angeregt, das dadurch in eine Beziehung mit der Ursache tritt, aus der wir das Öl benutzen. Auch das stellt eine sehr starke Anregung des Bewusstseins dar. Es kann uns dabei helfen, die in unserem Thalamus eingeprägten Programme auf alchemistische Weise zu verändern.

Pomander

Die Pomander enthalten die gleichen Substanzen der Pflanzen und Minerale wie die Equilibrium-Flaschen, aber in einer anderen Komposition. Alles, was daher die „Signatur" betrifft, gilt auch auf diesem Gebiet mit den gleichen Prinzipien.

Der Pomander ist auf alkoholischer Basis aufgebaut, daher kann er sich äußerst schnell im elektromagnetischen Feld verbreiten, dem er die Energien der Farben und der Pflanzen mit ihren jeweiligen Schwingungen zuführt. Auf diese Weise wird der Pomander zur „Nahrung" für unsere Energiekörper und kann die Farben unserer Aura verstärken, die vielleicht „verblasst" sind - auf Grund unerfreulicher Erlebnisse in unserem Leben oder infolge unserer Einstellung gegenüber bestimmten Ereignissen.

Nachdem wir den Pomander in unserem Energiefeld verteilt haben, halten wir unsere Hände vor die Nase und atmen dreimal tief ein. Damit wird unser limbisches System intensiv angeregt. Über unsere Konditionierungen, Blockierungen und Hindernisse hinweg erreichen wir durch den Geruchssinn direkt das Zentrum unseres Gehirns, den Schlüsselpunkt unseres Nervensystems. Der Impuls, der mit Hilfe des Geruchssinns beim limbischen System ankommt, kann Assoziationen in jedem anderen Teil des Gehirns auslösen.

Es ist Vicky Walls Genialität zu verdanken, dass der Geruch des Pomanders auf eine bisher unerklärliche Weise den emotionalen Bereich anregt, der mit dem jeweiligen Chakra durch die Farbe des Pomanders verbunden ist.

Wir wissen auch, dass das limbische System mit dem Gedächtnis verknüpft ist. Durch einen besonderen Geruch kann man ein Ereignis vollständig ins Gedächtnis zurückrufen, mit Geräuschen, Gerüchen, Bildern und Empfindungen, die alle gleichzeitig erinnert werden.

Jeder Mensch hat diese Erfahrung wohl schon öfter gemacht. Man riecht einen bestimmten angenehmen oder unangenehmen Geruch, und schon erscheint vor dem inneren Auge mit ungewöhnlicher Intensität eine Szene, die sich vielleicht vor dreißig Jahren ereignet hat. Mit Hilfe des Pomanders können durch das limbische System und ohne die Kontrolle des Thalamus Erfahrungen erinnert und wieder erlebt werden, die der Thalamus wahrscheinlich für immer im Unterbewusstsein begraben wollte, wodurch die Ausdrucksfähigkeit jedoch beeinträchtigt geblieben wäre. Dieser unmittelbare Zugang zu Erfahrungen durch den Pomander und die Stimulierung in der Tiefe des Unterbewusstseins sind die Erklärung für die erstaunliche Wirkung der Pomander.

Natürlich lässt die Verbindung des Einflusses auf das elektromagnetische Feld mit dem direkten neurophysiologischen Einfluss den Pomander zu einem überaus mächtigen Heilmittel werden. Es ist einleuchtend, dass nicht immer erschütternde Erfahrungen oder besondere Erinnerungen dabei erleben werden, wenn man den Pomander benutzt. Aber mit ein wenig Geduld werden sich früher oder später wirklich erstaunliche Ergebnisse einstellen.

Quintessenzen

Die Quintessenz ist ein weiteres Produkt, das Vicky Wall nach den Anweisungen schuf, die in der Meditation aus einer anderen Dimension kamen. Sie ist dazu bestimmt, einen direkten Einfluss auf die feinstofflichen Körper auszuüben. Ein großer Teil dessen, was wir über die Pomander gesagt haben, gilt auch für die Quintessenzen. Nur ist die Energie der Quintessenz noch feinstofflicher. Ihr Aktionsradius erstreckt sich hauptsächlich auf den ätherischen und den astralen Körper. Wenn der Pomander als Schutz und Stärkung dient, so ist es der Zweck der Quintessenz, auf der feinstofflichen Ebene für jene Expansion zu öffnen, die sich auf allen anderen Ebenen menschlicher Existenz manifestieren wird. Man kann auch sagen, dass die Quintessenz eine Funktion von „Invokation" hat. Der Pomander ist eine Danksagung für das, was man erhalten hat, während die Quintessenz ein an die QUELLE gerichtetes Gebet darstellt, in dem man das mitteilen kann, was man empfangen oder erreichen möchte.

Tinkturen

Die Tinkturen bilden den letzten Teil des Aura-Soma-Systems, das einzige Element, das innerlich eingenommen wird und im Inneren des Körpers arbeitet. Die Tinkturen zeigen ihre Farben nur in der Kirlian-Fotografie, mit bloßem Auge gesehen, erscheinen sie farblos. Durch die feinstoffliche Dimension der Tinktur kann sich diese Feinheit sehr leicht im Körper verteilen. Die Tinktur hat die Wirkung, den Organismus darauf vorzubereiten, eine bestimmte Farbe zu empfangen oder einfach eine bestimmte Farbe zu verstärken, die benötigt wird.

Vicky Wall hat die Tinkturen auch geschaffen, um eine einfache und gesellschaftlich akzeptable Methode zu entwickeln, die Energie einer Farbe aufzunehmen, ohne zu sehr „aufzufallen". (Wer jemals versucht hat, das

Ritual des „Einfächerns" des Pomanders durchzuführen, bevor er in einem überfüllten Bahnhof in einen Zug stieg, weiß, wovon die Rede ist!)

7. AURA-SOMA -

FALLGESCHICHTEN UND HEILUNGSBEISPIELE

Galaadriel – Eine Liebesgeschichte

Der blaue Himmel war noch von goldenen Linien durchzogen, als ich in einem Gefühl der Leichtigkeit und Weite den Weg zur großen Pyramide hinaufging. Ein weißer Pfau blieb vor mir stehen und öffnete in einem Regenbogen von Farbreflexen sein königliches Rad. Während ich noch fasziniert seine Vorstellung bewunderte, kam Chari in heller Aufregung und sagte, er habe soeben erfahren, dass am nächsten Tag in einer Neben-Pyramide ein Seminar stattfinden werde. Es solle sich um die Präsentation einer höchst interessanten, völlig neuen und originellen Farbtherapie namens "Aura-Soma" handeln.

Schon einige Tage zuvor hatte man mir von dieser neuen spirituellen Therapie erzählt, die eine der umfassendsten Möglichkeiten zur Heilung für viele Menschen bieten sollte. Als ich daher von dem Seminar hörte, dachte ich, diese Gelegenheit, mehr über die neue Heilmethode zu erfahren, sollte ich nicht versäumen.

Ich hatte gerade eine Zeit der intensiven Arbeit hinter mir; viele Seminare, die alle sehr anstrengend waren, und eine Menge verwirklichter Projekte. So spielte ich mit der Idee, mir zwei Tage Pause zu gönnen, um mich nur mit mir selbst zu beschäftigen. Die Aussicht, ein Seminar aus der Perspektive der Teilnehmerin zu erleben, also nur etwas aufzunehmen, erschien mir ziemlich verlockend. Am nächsten Morgen stand ich zusammen mit Chari und weiteren acht Personen in der kleinen Pyramide vor diesem neuen Wunder - Aura-Soma.

Die energetische Erforschung der Farben und Düfte war wie ein

Wiedererleben von alten Träumen, die von Feen, Kobolden, Geschöpfen des Waldes und ätherischen Energien nur so wimmelten. Zusammen mit einem ständigen Gefühl der Verwunderung entwickelte sich immer deutlicher ein überzeugender Eindruck der Befriedigung, der die Tiefen meines Herzens dazu einlud, sich bis in die entferntesten Ecken von dem Licht des nun deutlicher spürbaren Regenbogens durchdringen zu lassen, den Aura-Soma vermittelte.

Es folgten verschiedene Meditationen mit den farbigen Qualitäten von Aura-Soma, während wir durch ein Fenster, das in einer Wand der Pyramide auf den Himmel ausgerichtet war, die Falken bei ihrem Höhenflug über dem alten Land des Ostens beobachteten. Während unser durstiger Geist trank, sich reinigte und nährte, erweckten die Düfte der Essenzen Erinnerungen an alte Zeiten, die darauf warteten, wieder aufzutauchen, um bei der Erforschung der Gegenwart behilflich zu sein. Ich sprudelte über vor Begeisterung, aber es geschah noch mehr. Durch die Regenbogenfarben angeregt, begannen weit zurückliegende Erinnerungen wieder aufzutauchen.

Man spricht oft von den Träumen der Jugend; ich hatte so viele davon wie vermutlich alle anderen, aber die Träume, die die rosenfarbenen Abende meiner Jugend bevölkerten, bestanden aus spirituellen Reisen und aus intensiver Sehnsucht nach Liebe und nach dem Licht. Ich war überzeugt, dass die so weit entfernten, aber auch meinem Herzen so nahe stehenden Sterne meine heiligen Träume beschützten. Viele der Tage in jenen Jahren verliefen sehr stürmisch, die Wellen waren mächtig, manchmal sogar brutal. Das Unverständnis meiner Eltern, der Mangel an Harmonie in meiner Familie, der Neid der Gleichaltrigen, das negative Urteil der borniertten Menschen, all dies machte mir zu schaffen. Ich liebe seit jeher die Schönheit, sowohl meine eigene als auch die der anderen; und das Hässliche, das ich um mich herum sah, quälte mich wie eine Horde von Dämonen. Schönheit erfreut alle, und dennoch nehmen viele Bewohner dieses Planeten sie nicht zur Kenntnis. Daher verschandeln sie die Erde oft oder wollen sie zerstören. All dies entsprach keineswegs meinem Idealismus, der sich eine saubere und strahlende Welt wünschte. Die Welt war nicht so, wie ich sie mir vorgestellt hatte; daher verlor ich meine Spontaneität, litt an Schüchternheit, fühlte mich unsicher, unvollständig und unangepasst. Ich verschloss mich stundenlang in einem Schweigen, zu dessen Gefangener ich schließlich wurde. Ich war überzeugt, dass all dies nur meine Schuld war und verwendete daher einen großen Teil meiner Energie darauf, um Anerkennung und Verzeihung zu kämpfen.

Ich reiste, studierte, forschte und liebte, wobei ich ständig der Welle meines Schicksals folgte. Stürmische Nächte der angstvollen Spannung wechselten sich ab mit Nächten der Ruhe, die oft vom geheimnisvollen Licht des Mondes erhellt wurden. Die Nacht der größten Magie war hingegen eine Neumondnacht. Während die Katzen aus ihrem Schlaf erwachten und alte Geister unter den Ölbaumen umherstreiften, begrüßten die leuchtendsten unter den Sternen die Geburt von Aurin, meiner Tochter.

Oft wurde mein Lebensweg von Menschen aufgeheitert, die an meinen Träumen teilgenommen haben. In anderen Momenten irrte ich, von meinen Konditionierungen beschwert und von Angst erstickt, für lange Zeit durch die Nebel der Verwirrtheit und fühlte mich von jener Einheit des Lebens abgetrennt und ausgeschlossen, die ich dennoch um mich herum machtvoll verspürte. Meine Energie war blockiert, mein Körper litt.

Aber die Winde des Lebens, die allen zur Verfügung stehen, ändern oft ihre Richtung. Ich stellte fest, dass uns oft, wenn wir es nur wollen, sogleich eine freundliche Brise zu Hilfe kommt und uns dahin bringt, wohin wir gehen wollen.

Mein Leben wurde schön und kreativ. Es war begleitet von Musik und angereichert mit den Farben der Malerei und dem Geist des Theaters, sowie von einem immer anregenderen, faszinierenderen Lesestoff. Dazu zählten die Provokationen Gurdjieffs, die aufrüttelnden Thesen Krishnamurtis und die Liebeslieder Oshos. Mein Hunger nach Liebe und Wahrheit wurde größer, gleichzeitig jedoch wurden auch meine Zweifel über meine Liebesfähigkeit immer quälender. Meine zwischenmenschlichen Beziehungen waren gestört durch mein Gefühl der Unwürdigkeit und mangelnden Selbstachtung, während das Gespenst des Zweifels über den Wert oder Unwert meines Lebens mir immer häufiger in die Ohren pfiff und mich so daran hinderte, die Musik, die meine Tage begleitete und deren inspirierende Muse ich oft selbst war, in ihrer ganzen Fülle zu hören und zu genießen.

Mit diesem Wechselbad an Gefühlen und Gemütszuständen ging ein weiterer Zyklus meines Lebens zu Ende, während das Seminar über diese magische Technik seinen Lauf nahm. Auf die Meditationen mit Farben und Düften folgte die individuelle Auswahl der Equilibrium-Flaschen. Ich hatte das Gefühl, dass sie alle zu mir gehörten und ich zu ihnen. Ich empfand sie als wichtig und mächtig, wie Wesenheiten, die zu einem bestimmten Zeitpunkt eingriffen, um uns zu Hilfe zu kommen. Die erste Flasche, die ich auswählte, hatte mit der Weisheit der Jahrhunderte und mit Vertrauen zu tun. Die innere Erforschung sollte mit dieser ersten Flasche geschehen. Ich nahm sie in die Hand und zog mich in eine Ecke der Pyramide zurück, um mich mit dieser Energie zu sammeln. Was sollte ich verwirklichen? Warum gab es so viele Schatten in meinem Leben? Ich spürte, dass es wichtig wurde, das, was ich wollte und das, was ich dafür getan hatte, ans Licht zu bringen. Hinter den Regenbogenfarben entdeckte ich von neuem eine altbekannte Frage: Wer war ich?

Von der Kraft der Erinnerung getrieben, betrachtete ich mich von neuem im Spiegel der Vergangenheit. Mein Ich der vergangenen Jahre erschien mir flüchtig, wie ein Gespenst verfließend. Um ihm ein wenig genauere Umrisse zu verleihen, musste ich zurückgehen und mich konzentrieren; nicht so sehr auf das, was ich zu sein glaubte, denn das Leben hatte mich oft gezwungen, meine Meinung darüber zu ändern. Vielmehr war es leichter, mich in dem zu erkennen, was ich getan hatte, in der Hoffnung, dass darin mehr zum Ausdruck kam, was ich wollte und fühlte.

Ich erinnerte mich, dass ich, als ich erwachsen wurde, beschloss, Psychologie zu studieren und verschiedene Fremdsprachen zu erlernen. Einige Jahre später hatte ich auch versucht, mich als Lehrerin zu verwirklichen; es machte mir Freude, meine Kreativität im Theater auszudrücken, und ich hatte mich leidenschaftlich und aktiv in die Verteidigung unterdrückter Völker, besonders der Aborigines, gestürzt und war von den schamanistischen Heilprozessen fasziniert, die ich aufmerksam verfolgte. Ich wurde zu einer glühenden spirituellen Sucherin. Die geistige Sehnsucht meiner Jugend war inzwischen zu einem brennenden Verlangen geworden. Wenn ich den Trommeln der Zeit lauschte, fühlte ich, wie eine große Verwandlung auf mich wartete. Ich gehorchte einem unbekannten, aber eindringlichen Ruf. Ich folgte einem unbekannten, aber gleichzeitig seltsam vertrauten Stern und machte mich auf den Weg nach Asien.

Dort, im Lande der Gewürze und der Magie, erlebte ich, eingehüllt in märchenhafte Träume, den spirituellen Höhepunkt jener Jahre.

Die Wirklichkeit, die sich um mich herum manifestierte, übertraf meine kühnsten Vorstellungen. Mein Herz erblühte wie eine Rose. Energie war für mich nicht mehr nur ein faszinierender, geheimnisvoller Begriff. Ich begann, sie bewusst in meinem Körper, in meinen Beziehungen, in meinem Tagesablauf zu spüren. Es war ein absolutes, großes Erwachen, ein Erwachen meiner Weiblichkeit, die bis dahin in meinen Konditionierungen gefangen war; ein Erwachen des Herzens, das so oft von zu vielen Gedanken und der daraus folgenden Vertrauenslosigkeit erdrückt worden war; eine Befreiung der Energie, die nun endlich lachen, tanzen und wie ein Schmetterling fliegen konnte. Ich war endlich zu Hause angekommen. Ich fühlte, wie mein Sein in Harmonie mit dem Ganzen schwang.

Dieses Fest des Lebens fand in einem duftenden, blühenden, von farbigen Strahlen erfüllten Garten statt. Der vorherrschende Strahl war orange, die Farbe der spirituellen Suche, des Glühens der Seele, die sich hoch in den Himmel hinaufschwingt und wie die Sonne ihr göttliches Feuer manifestiert. Ich bat den Großen Gärtner, mir die Äste abzuschneiden, die das Wachstum meines Bewusstseins behinderten, und mich in eine Ecke des Gartens zu verpflanzen, in der ich besser wachsen konnte.

Ein Falke, der majestätisch über dem Fenster vorbeiflog (fast, als ob er mich grüßen wollte) brachte mich wieder in die Pyramide mit den Aura-Soma-Farben zurück. In der Zwischenzeit waren, seitdem ich zum ersten Mal in diesem Garten gelandet war, vierzehn Jahre vergangen. Unter so vielen Kämpfen und Ekstasen, so vielen hoffnungsvollen, aber von schmerzhaften Stürzen begleiteten Aufstiegen hatte inzwischen eine köstliche Alchemie zu wirken begonnen. Besonders in den ersten Jahren hatte ich oft geglaubt, wenn ich erst die Abhänge eines gewissen Berges erreicht hätte, wäre ich in jener Welt angelangt, wo alles zusammenfloss, wo sich Materialismus, Eifersucht, Ängste und Trennungen auflösten, die mich daran hinderten, in einer anderen Dimension des Seins wiedergeboren zu werden. Leider musste ich jedoch nach mühsamen Aufstiegen feststellen, dass es weitere Gipfel gab; und oft konnte ich, um sie zu erklimmen, nicht vermeiden, wieder ins Tal abzusteigen. Aber inzwischen hatte ich dieses Auf und Ab, diese Höhen und Tiefen als einen natürlichen Prozess des Wachstums akzeptiert, und - was vor allem wichtig war - ich liebte mein Leben.

Unermüdlich arbeitete ich mit intensiver Leidenschaft an mir selbst, in vielen Therapiegruppen, unzähligen Stunden der Meditation und zahlreichen Ausbildungen. Ich wurde zu einer qualifizierten Therapeutin und lernte verschiedene ganzheitliche Techniken, deren Wirkung inzwischen erprobt war und deren Heilkraft mich faszinierte. Ich hatte die Ehre und das Glück, als Lehrerin dieser holistischen Techniken zum spirituellen Wachstum vieler Menschen beitragen zu dürfen. Ich bin durch den Brennofen der Augen des großen Meisters gegangen und die Erinnerung an dieses Feuer wird für immer in meinem Herzen brennen.

Was konnte ich noch tun? Ich dachte wirklich, es sei genug! Was war diese neue Technik, die mich überrumpelte und trunken machte, in der die Wellen der Vergangenheit an das Ufer der Gegenwart schlugen, in der mein Geist lachte und mein Körper vibrierte? Was gab es für mich noch zu lernen?

Heute kenne ich die Antwort auf diese Fragen. Es ist eine einfache, kurze Antwort, die jedoch nicht leicht zu verstehen ist. Sie ist in die farbigen Schleier der höheren Energien gehüllt.

Fünf Jahre sind seit diesen beiden wunderbaren ersten Tagen in der Pyramide vergangen, in der ich Aura-Soma entdeckte. In der Zwischenzeit tat ich das, was ich seit Jahren mit Aufmerksamkeit tue - ich folgte meiner inneren Stimme, die mich in der Zwischenzeit unzählige Male nach England, Ägypten und Amerika fahren ließ, um meine Ausbildung als Aura-Soma-Lehrerin abzuschließen. Das ungeheure Geschenk, das Aura-Soma in mein Leben gebracht hat, bestand in der Möglichkeit, direkt mit den feinstofflichen Energien und mit dem Prinzip der Nicht-Einmischung zu arbeiten.

In den Jahren bevor ich Aura-Soma kennen lernte, hatte mir meine Suche bereits das Bewusstsein für die Welt der subtilen Energien geöffnet. Tatsächlich hatte ich bereits verschiedene Techniken erlernt, mit denen man die einzelnen feinstofflichen Körper von all den Anhäufungen negativer Energie befreien konnte, die den freien Energiefluss so vieler Menschen behindert. Obwohl diese Arbeit immer von drei bis vier Personen gleichzeitig ausgeführt wurde, die gut vorbereitet und voller Liebe für die Heilung waren und alle notwendigen Maßnahmen getroffen wurden, damit unsere Energie nicht verloren ging, fühlte ich mich nach einiger Zeit müde und geschwächt. Daher begann ich mich zu fragen, ob es nicht einfachere und persönlichere Wege gab, um die Energie von den dunklen Wolken der Vergangenheit zu reinigen. Diese Anforderung erfüllte Aura-Soma mit seiner Möglichkeit der direkten Anwendung auf die feinstofflichen Körper der Personen in besonderem Maße. Oft habe ich im Lauf der letzten Jahre gesehen, wie die Schatten, die das Licht der Aura verdunkelten oder behinderten, sich nach einer Zeit der Behandlung mit dem geeigneten Aura-Soma-Mittel auflösten. Außerdem hat sich für mich endlich der Aspekt der Nicht-Einmischung geklärt. Trotz der besten Techniken, der Liebe und Leidenschaft für die Heilung, die immer in meiner Arbeit leuchtete, und obwohl ich großen Respekt vor der Freiheit der anderen hatte, ließ sich zu oft im Verlauf meiner Erfahrungen der Arbeit mit anderen eine Einmischung nicht vermeiden. Ich war es immer, die mit den anderen sprach und ihnen empfahl, was sie tun sollten. Sie erhielten ihre Ergebnisse immer durch die Bemühungen meiner Techniken, die, obwohl willkommen, doch jeweils von mir vermittelt waren. Heute habe ich erkannt, dass die stabilsten Ergebnisse, die tiefsten und befriedigendsten Veränderungen dann eintreten, wenn wir allein entscheiden, was wir tun wollen, und die vollständige Verantwortung dafür übernehmen, was wir aus unserem Leben machen. Es kann nützlich sein, andere um Hilfe zu bitten, und es kann befriedigen, diese

Hilfe zu erhalten; aber es ist äußerst wichtig, sich nicht davon abhängig zu machen. Gemeinsam mit den anderen am eigenen Wachstum und an der eigenen Heilung zu arbeiten, ist sehr hilfreich; aber man darf dies nie zur notwendigen Bedingung machen. Leider haben wir in der Vergangenheit immer die anderen gefragt, was wir tun, wohin wir gehen und wie wir Heilung finden sollten, vor allem, wenn es sich um grundlegende Probleme handelte. Wir haben immer die Verantwortung für unseren Körper und unseren Geist auf die anderen abgewälzt. Das heißt natürlich nicht, dass wir jetzt ins andere Extrem verfallen und uns für jede Hilfe von außen verschließen sollten. Die höheren Energien atmen innerhalb und außerhalb von uns. Es ist wunderbar, sie wahrzunehmen und unser Herz vertrauensvoll immer weiter für ihre Liebe und ihr Eingreifen zu öffnen, wobei wir jedoch nie unsere Eigenverantwortung vergessen sollten, die ja vielleicht selbst eine höhere Energie darstellt.

In der Zwischenzeit bin ich Aura-Soma-Lehrerin geworden. Auch das war eine große Herausforderung, mit all dem notwendigen Training und den dazu gehörigen Reisen. Ich nutzte diese Zeit, um mich selbst besser kennen zu lernen und mich auf mein Ich einzustellen, um damit die in den konkreten Dingen verborgenen göttlichen Aspekte zu entdecken. Aura-Soma half mir auf seine schonende, sanfte Weise, Situationen und Beziehungen in meinem Leben zu klären, besonders diejenigen, die mit meinem spirituellen Wachstum zu tun hatten. Es half mir dabei, meinen Idealismus und vor allem viele Verletzungen abzulegen.

In den letzten vier Jahren habe ich ganz Italien bereist, um dieses wunderbare Instrument der Heilung und Bewusstwerdung so schnell und wirkungsvoll wie möglich bekannt zu machen. Heute ist Aura-Soma in der ganzen Welt verbreitet, und immer mehr Menschen lassen sich auf den Aura-Soma-Weg ein.

Mit Aura-Soma bin ich in eine Spirale des Regenbogens gelangt. Ich weiß, dass ich, unabhängig von Zeit und Raum, alle seine Farben mit all ihren Geheimnissen leben muss. Aber die Farben der Öle und Essenzen erleichtern diesen Prozess und gestalten ihn viel einfacher, strahlender und schöner. Dank Aura-Soma habe ich feststellen können, dass sich auf den Pfaden des Regenbogens jene Seelen treffen, die sich treffen wollen, und dass der Große Geist sich ihrer annimmt.

Der Flug des Adlers

Einer der größten Astrologen der Welt kündigte mir eines Tages an: „Du wirst sehr bald ins Ausland reisen" und „du wirst eine neue, auf Farben basierende Heilmethode anwenden", aber ich war mit Sicherheit nicht bereit, ihm zu glauben.

Gewöhnlich suchte ich Prasad, einen außergewöhnlichen Astrologen, Berater berühmter Persönlichkeiten und spirituellen Lehrer, alle vier oder fünf Jahre auf, um zu sehen, wie die Dinge für mich auf der Ebene der astronomischen Mega-Kräfte aussahen. Während Prasad über die Zukunft sprach, die sich mir eröffnen würde, war ich hingegen überzeugt, dass ich besser einen anderen Tag für diese Sitzung gewählt hätte, weil Prasad offenbar nicht in Form war. Ich hatte gerade meine Arztpraxis in München eröffnet, eine ordentliche Summe darin investiert und dachte bestimmt nicht daran, ins Ausland abzureisen, um den Regenbogen zu suchen. Das war mein letztes Treffen mit Prasad; er starb kurz danach.

Fünf Jahre später befand ich mich in Italien, hatte Deutschland endgültig den Rücken zugekehrt, meine Arbeit als Arzt wieder aufgenommen und hielt meinen ersten Kurs über Aura-Soma.

Mein erster Kontakt mit Aura-Soma fand in einer berühmten Mysterienschule statt, zwischen schwarzen Pyramiden, die aus einem Science-Fiction Film entsprungen zu sein schienen, Priestern aus dem verlorenen Kontinent Mu und getragen von der geheimnisvollen Faszination eines spirituellen Wachstums durch eingeweihte Priesterinnen. Auf dem Fensterbrett in einem der Büros jener alchimistischen Schule standen die farbigen Fläschchen, die in allen Farben des Regenbogens leuchteten. Sie kündigten große Veränderungen an und brachten gute Nachrichten für die Zukunft. Es blieb mir nichts anderes übrig, als mehr darüber zu erfahren.

Wenige Tage später kam das Geheimnis in einem Kreis ausgewählter Personen, in der Mehrzahl Frauen, zur Enthüllung, unter der Spitze einer Pyramide mit zwei großen Fenstern, was den neugierigen Falken die Möglichkeit gab, uns zu beobachten. Keiner der Anwesenden, mich eingeschlossen, hatte bereits begriffen, dass sein Leben sich durch Aura-Soma grundlegend und radikal verändern würde.

Das Seminar nahm seinen vorgesehenen Verlauf. Ich ließ mich von dem Fluss der Farben, vom Duft der Essenzen und von den alten Botschaften der Balance-Fläschchen mitreißen, überrollen und verzaubern. Ich wusste mit Sicherheit noch nicht, dass ich, zusammen mit Galaadriel, zum Wegbereiter dieser neuen Therapie in Italien werden würde.

Auf das Seminar folgten die persönlichen Beratungen und die Reisen zur Quelle von Aura-Soma nach England. Das geradezu magische Treffen mit Mike Booth, dem Nachfolger von Vicky Wall, kam in unglaublicher Synchronizität zustande. Es gab zahllose Ausbildungskurse, Studien und Forschungsprojekte, durchgeführt mit Galaadriel, Mike und anderen, über die fünf Kontinente dieses Planeten verstreuten Freunden.

Als für mich schließlich der Moment gekommen war, in meinem ersten Grundkurs eine kleine Gruppe von Personen in diese Methode einzuführen, konnte ich in einer Pause nicht anders, als über den Weg nachzudenken, den ich zurückgelegt hatte, ausgehend von einer bürgerlichen Umgebung, über die Mysterien Amazoniens und seiner Schamanen, dabei immer mit dem Feuer der inneren Suche im Herzen. Ich hatte die Arroganz der medizinischen Fakultät überlebt, die künstliche Atmosphäre der neurochirurgischen Operationssäle hinter mir gelassen, war in Griechenland von dem größten Homöopathen des Jahrhunderts, Vithoulkas, in die Geheimnisse der Homöopathie eingeweiht worden und schließlich hier unter uralten Olivenbäumen gelandet, um diese wunderbare Methode von Aura-Soma Menschen zu lehren, die genauso wundervoll waren.

Wie soll man jedoch einen Lebensweg beschreiben, wie erkennt man die Ereignisse, die Entscheidungen, die uns in die heutige Wirklichkeit gebracht haben? Der Stern, unter dem ich geboren bin, ist sicher ein Stern der Heilung und Forschung. Heilung meiner selbst, Erforschung meiner selbst, Suche nach einer geeigneten Methode, um die Heilung mit den Personen meines Umfelds, mit dem Planeten, mit dem Universum zu teilen. Das ist wahrscheinlich der Grund, weshalb ich schon sehr früh zu forschen, zu experimentieren und immer wieder neu zu suchen begann. Wobei ich so viele Heilmethoden wie möglich erlernte, einige zu meinem eigenen Nutzen, andere aus reiner Neugier und aus Lust auf neue Erkenntnisse. Was mir jedoch zunächst als endlose Suche erschien, formte mit Hilfe von Aura-Soma ein wunderschönes Bild, dessen Rahmen Aura-Soma selbst bildete, indem es alle diese Techniken, Erfahrungen und von mir verwirklichten Dinge integrierte und in die rechte Perspektive rückte. Was mich außerdem wirklich magisch anmutet, ist der sich ständig ausdehnende Rahmen. Er expandiert zu neuen Erfahrungen und Dimensionen. Das ist das Schöne an Aura-Soma, die Faszination, die mich gefangen nahm, ohne dass ich es merkte. Es ging um Schönheit, Wirksamkeit, die Integration von Himmel und Erde und das Gefühl, eine Beschleunigung meines Wachstums und meiner Entwicklung auf allen Ebenen zu erfahren. So wird das „Neue Äon" zur Wirklichkeit, wenn wir uns im Höhenflug wie die Adler auf die „Sterne der Erleuchtung" zubewegen, dabei jedoch immer noch im Kontakt mit der Erde bleiben, die uns ernährt. So gleichen wir dem Adler, der sich die Kraft und Unterstützung holt, die seinen Flug ermöglichen.

Rossana

Ich nehme die Anwendung von Aura-Soma in meiner Arbeit als Psychologin sehr ernst, auch wenn ich noch damit experimentiere. In der therapeutischen Arbeit sind die Fläschchen wie leuchtende bunte Bänder geworden, die dieser Beziehung mehr Intimität verleihen. Die Behandlung, die zu Hause mit der Anwendung der Öle fortgesetzt wird, hält eine natürliche, tiefe und erweiterte Bindung zwischen dem Behandler und seinem Klienten aufrecht, ein greifbares Symbol für die sanfte Art, sich um sich selbst und andere zu kümmern.

In der psychotherapeutischen Arbeit ist in angenehmer, heiterer Atmosphäre eine kleine Gruppe von Freunden, Studenten und Bekannten entstanden, die mich nur wegen der Fläschchen aufsuchen. Nicht immer habe ich genug Zeit für eine vollständige Beratung; aber für einen 'energetischen Ausgleich' oder Farbtest lasse ich mir an den Wochenenden immer ein wenig Zeit übrig.

Seit einigen Jahren arbeite ich auch mit den Bach-Blüten und den kalifornischen Blütenessenzen. Ich bin davon überzeugt, dass sich Aura-Soma sehr gut damit verbinden lässt und mit allen Schwingungstherapien harmoniert.

Wie hat dieser Weg begonnen? Mit dem ersten Kurs von Aura-Soma, dem Grundkurs, nahm alles fast körperlich greifbar seinen Anfang. Ich sehe heute Farben, die ich früher nicht wahrnahm, und mein Geschmack in der Auswahl von Kleidern, Dingen und Wäsche für den Hausgebrauch hat sich verändert. Auch mein Verlangen nach Glück hat sich verändert; es ist zu einem starken, genau spürbaren Bedürfnis auch in der Behandlung der anderen geworden.

Die Therapiearbeit ist inzwischen zur „Freude" geworden. Die Gruppe, in der ich mit Koma-Patienten und mit Hirnverletzten arbeite, hat sich davon anstecken lassen, und sogar mein Chef, ein älterer Neuro-Psychiater und traditioneller Universitätsprofessor, ein gebildeter und sehr intelligenter Mann, der mir einmal in beleidigendem Tonfall gesagt hatte, ich sei seine „esoterischste" Psychologin, bittet mich heute um die Equilibrium-Flaschen.

Die Studenten der Psychomotorik und die Sozialarbeiter sind begeistert. Sie erproben die Fläschchen an ihrem Arbeitsplatz, in den Altenheimen, in Schulen, Krankenhäusern oder in den Büros der Gemeinde. Eine leuchtende, duftende Welle heitert die traurigsten Schauplätze auf, an denen das Leid und die graue Eintönigkeit zu Hause sind.

Oft kommt mir der Bibelsatz mit dem 'füllt Öl in eure Lampen' in den Sinn. Dabei stelle ich mir vor, wie das Öl von Vicky Walls Flaschen unsere feinstofflichen Körper bis zur Seele, zum höheren Selbst, erhellt.

Generell haben die Farben mit dem Leben und dem Tode zu tun. Wenn ich mich am Bett eines komatösen Patienten befinde, der nicht spricht und keine Beziehung mit mir aufzunehmen scheint, reinige ich seine Aura und tupfe ein wenig Pomander auf seine Handgelenke und Schläfen. Oft haften seine im Leeren verlorenen Augen dann einen Augenblick auf mir, schauen mich an, als ob etwas geschehen wäre, als ob ich ihn im unendlichen Raum gefunden und mit ihm Fühlung aufgenommen hätte.

Inzwischen ist es mir zur Gewohnheit geworden, immer mit der Aura-Reinigung und dem weißen Pomander zu beginnen. Wenn ich dann eine gewisse Vertrautheit hergestellt habe, benutze ich - mit Einverständnis der Verwandten - die Equilibrium-Flaschen am Hals, an den Schultern, am Solarplexus, an den Händen und an den Füßen. Dann lasse ich die Fläschchen für diejenigen da, die den Kranken pflegen.

Ich habe keine speziellen Vorzugsfläschchen. Ich höre einfach auf mein Herz. Wenn ich Hausbesuche mache, wähle ich die Fläschchen aus, von denen ich fühle, dass sie mir helfen könnten. Fast immer benutze ich pink und grün - manchmal auch rot und orange - und immer die 'Rescue'-Mittel.

Wie ich feststellen konnte, helfen die Equilibrium-Flaschen bei der psychotherapeutischen Arbeit. Sie erhöhen das Verständnis des Ichs und den Wunsch, immer die eigene innere Welt zum Ausdruck zu bringen.

Bei Anorexie und Bulimie sind es die Farben gelb und orange, die chronische Probleme lösen, wenn nur der Patient sich endlich dazu entschließt, sie zu benutzen - es ist nicht leicht, sie dazu zu bringen, das Öl in einer so kritischen Zone wie dem Solarplexus aufzutragen.

Bei Kindern rate ich der Mutter immer, "Star Child" (B 20) nach dem Bade einzureiben. Die Beziehung zwischen Mutter und Kind wird davon immer verbessert. In manchen Fällen geht es dem Kind sofort besser, und ich kann die Mutter psychologisch unterstützen.

Ich beschäftige mich auch viel mit der Psychologie der Rehabilitation. Die Behinderten, die sich langen Zyklen der Physiotherapie unterziehen müssen, akzeptieren gern das 'Muskelöl', das ich je nach Temperament der Person auswähle. Dies hat eine positive Wirkung auf Schmerz und Versteifungen und unterstützt wesentlich die Arbeit der Physiotherapeuten.

Ich stellte fest, dass die Farbe Gelb auch den Physiotherapeuten selbst hilft und eine glücklichere Atmosphäre schafft. Die Therapiestunde verläuft dann weniger schmerzhaft.

Ich habe dieses Wohlbefinden auch an mir selbst erprobt. Die Farbe Gelb hilft, verbunden mit Pink oder Grün, auf psychologischer Ebene in der Schmerztherapie.

Ein interessantes Feld ist auch das des Übergewichts. Durch Aura-Soma ist meine Kreativität größer geworden und damit der Wunsch, das Aussehen und die Gesundheit meiner Patienten und ihrer Verwandten zu verbessern.

In meiner Lehrtätigkeit organisiere ich Autogenes Training für die Therapeuten der verschiedenen Institutionen, und seit einiger Zeit füge ich Visualisierungsübungen und das Einatmen von Farben mit den Fläschchen hinzu.

Aura-Soma ist sehr ästhetisch und therapeutisch äußerst hilfreich.

Luciana

Mit Zorn und einem frustrierenden Gefühl der Machtlosigkeit betrachtete ich seit dem Juni 1993, wie sich der Zustand meines Vaters, der bereits unter Alzheimer litt, Tag für Tag verschlechterte. Seit jenem unglückseligen Tag war er nach einem Gehirnschlag bewegungsunfähig und bettlägerig. Nachdem er bereits seine Sprechfähigkeit und alle spontanen körperlichen Funktionen verloren hatte, konnte er mit der Zeit auch nicht mehr schlucken, so dass es notwendig wurde, eine Sonde zur Ernährung einzusetzen, die bis heute künstlich mit speziell zubereiteten Flüssigkeiten erfolgt.

Nach und nach begann sich sein Körper derart mit offenen Stellen zu bedecken - die Glieder, die nicht mehr stimuliert wurden, begannen sich zurückzubilden - dass nicht einmal die Physiotherapie ihm noch helfen konnte. Seine Bronchien waren voller Katarrh, den von Zeit zu Zeit ein Arzt mit einem speziellen Apparat absaugen musste, da das Aushusten nicht mehr funktionierte. Andernfalls hätte mein Vater riskiert, daran zu ersticken.

Wahrscheinlich ist die flüssige Ernährung die Ursache für kleine Krusten auf seiner Kopfhaut, die dem Milchschorf der Neugeborenen ähneln.

Unter diesen Krusten begannen sich, wahrscheinlich wegen der schlechten Durchblutung der Kopfhaut, Furunkel zu bilden, die bei jeder Kopfwäsche aufbrachen.

Aber das schlimmste Problem waren sicher die offenen Stellen. Die klinisch wichtigste davon befand sich am unteren Ende der Wirbelsäule, in der Steißbeingegend.

Diese Wunde hatte inzwischen sogar einen Durchmesser von fünfzehn Zentimeter toten Gewebes erreicht, die ein Chirurg regelmäßig entfernen musste. Diese offenen Stellen wurden mit Cremes und Pomaden aus chemischen Präparaten behandelt, ohne eine deutliche Besserung zu erreichen. Wenn es einmal so schien, als ob die Wunde kleiner würde, entdeckte der Chirurg bei seiner Visite, dass das Gewebe unterhalb der neuen Haut abgestorben war. Also musste er erneut eingreifen, um die offene Stelle in den alten Zustand zu versetzen.

Für meinen unglücklichen Vater bedeutete das alles ein ständiges Leiden. Wir waren zwar nicht sicher, wie viel er davon spürte; es war jedoch auch für einen nichts ahnenden Beobachter nicht zu bestreiten, dass sein Körper während dieser Eingriffe nervöse Reaktionen zeigte, die zur Annahme führen konnten, dass er auf irgeneine Weise diese schmerzhaften Behandlungen wahrnahm.

Die offene Stelle am Ende der Wirbelsäule war die wichtigste; denn sie war bereits bis auf die Knochen vorgedrungen. Es gab aber auch andere, die jedoch kleiner waren. Er hatte tatsächlich auch auf den Hüften, den Knien und sogar an den Knöcheln offene Stellen.

Das war seine Situation nach zwei Jahren des Leidens. Nach zwei Aura-Soma-Kursen verfügte ich über eine gewisse Kenntnis dieser Therapie und hoffte inständig, sie würde ausreichen. Ich beschloss, die Möglichkeit auszuprobieren, sein Leid zu lindern. Aura-Soma zur Bekämpfung der Leiden eines Kranken, der für klinisch unheilbar erklärt worden war?

Ich wusste, ich konnte ihm nur Gutes damit tun, und der Impuls dazu war stark.

Ich begann mit dem weißen Pomander, von dem ich einige Tropfen auf die offenen Stellen auftrug und mit einem dünnen Tuch bedeckte. Nach etwa zwei Tagen der Anwendung begannen die Wunden sich mit einer gelblichen Schicht zu bedecken. Wahrscheinlich kamen die von den Medikamenten hervorgebrachten Giftstoffe zum Vorschein. Nach etwa zwanzig Tagen hatte ich das Gefühl, ich sollte die Wunde auch mit einer Equilibrium-Flasche behandeln, und meine Wahl fiel auf die Flasche B1 - das körperliche Rescue.

Zuerst trug ich den Pomander auf, ließ ihn dann trocknen, danach auch die Flasche B 1. Innerhalb einer Woche begannen die bereits sichtlich gebesserten Wunden mit Geschwindigkeit zu vernarben. Die größte davon hatte sich fast völlig geschlossen. Sie ist bis heute nicht mehr größer als ein Markstück, während die anderen völlig vernarbt sind!

In der Zwischenzeit hatte sich unter der rechten Gesäßbacke eine kleine Wunde von etwa drei Zentimetern Durchmesser zu bilden begonnen. Was mich bei der Behandlung dieser Wunde am meisten begeisterte, war, dass sie, die ja nicht mit pharmazeutischen Präparaten behandelt worden war, durch die Kombination von Pomander und Equilibrium-Flaschen sofort eine neue Haut zu bilden begann. Ich bemerkte, dass auch die linke Gesäßbacke auf Grund eines verdächtigen roten Flecks Probleme bekam. Ich griff sofort mit dem B 1 ein; und in wenigen Tagen verschwand alles.

Nach diesen großen Erfolgen in der Behandlung der offenen Stellen beschloss ich, es auch mit den Gliedern meines Vaters auf irgendeine Weise zu versuchen, die, wie gesagt, praktisch völlig verkümmert waren. Ich begann, die Flasche B 1 aufzutragen, wobei ich besonders die Beine massierte, die inzwischen völlig verkrümmt, steif und fast immer kalt waren. Das linke Bein hat sich inzwischen um fast fünf Zentimeter ausgestreckt. Seit ich ihn aus dem Bett in den Rollstuhl gesetzt habe, kann er seit ein paar Tagen sogar beide Beine, wenn auch langsam, bewegen. Auch in der Beweglichkeit der Arme konnte ich große Fortschritte feststellen. Wir hatten ihm schon seit langem Tennisbälle in die Hände gegeben, um zu verhindern, dass sich diese völlig schlossen und die Nägel die Handflächen verletzten. Inzwischen kann er seine Hände wieder öffnen und die Bälle fallen lassen. Er versucht, die Bettdecke oder was auch immer er vor sich hat, zu ergreifen.

Danach begann ich, auch die Krusten auf der Kopfhaut zu behandeln. Nach den erzielten Resultaten hatte ich keinen Zweifel mehr darüber, dass Aura-Soma auch bei diesem Problem helfen würde. Ich setzte also die Flasche B 1 ein. Die Ergebnisse, die bereits bei den anderen Problemen außerordentlich waren, zeigten sich nun in wirklich erstaunlicher Form! In weniger als einer Woche hatte sich die Kopfhaut fast völlig normalisiert. Es gab keine Krusten, keine Furunkel mehr, und das Problem ist nicht mehr aufgetreten.

Eine weitere Verbesserung, wenn auch in kleinerem Ausmaß, konnte ich auch bei den Bronchien erzielen, nachdem ich das übliche B 1 auf den Brustkorb aufgetragen hatte. Der Husten ließ nach, und manchmal gelang es ihm sogar, aus eigener Kraft abzuhusten.

Aber einer der interessantesten Aspekte betrifft eine gewisse energetische Veränderung des Patienten, die selbst Skeptiker und Verfechter der rein körperlichen Ebene nicht unberührt lassen kann, aber für mich nicht nur eine Nebenwirkung, sondern sogar die Hauptursache der körperlichen Veränderungen ist.

Tatsächlich ist mein Vater zweifellos viel aufmerksamer als früher. Seine Augen haben wieder Ausdruck bekommen und glänzen in einem neuen Licht. Zwar hat er nicht wieder zu sprechen begonnen, aber er scheint mit den Augen kommunizieren zu wollen. Er bewegt bei jedem Geräusch den Kopf und sucht mit den Augen nach seinem Ursprung; er scheint sogar seine Lieben wiederzuerkennen. Wenn er mich ansieht, scheint er mir sagen zu wollen, dass er sich seiner Situation bewusst ist. Es sieht beinahe so aus, als wolle er seine feinstofflichen Körper wieder ausrichten.

Wenn ich nicht fürchtete, für anmaßend gehalten zu werden, würde ich sagen, dass Aura-Soma ihm hilft, aus dem schwarzen Tunnel herauszukommen, in den ihn seine Krankheit gesperrt hatte, um ein größeres Bewusstsein zu erlangen, um bereit zu sein, seinen Erdenzyklus abzu-

schließen und sich der jeweiligen Welt zu seiner zukünftigen Wiedergeburt zu stellen.

Ich werde auf jeden Fall meine Versuche fortsetzen, in der Hoffnung,
dass mir das Glück vergönnt sein wird, die Schmerzen aller Leidenden,
vor allem jedoch der Langzeit-Patienten, lindern zu können, wobei ich
auf das Vertrauen der Angehörigen in die großen Heilfähigkeiten von
AURA-SOMA zähle!

Ich bin glücklich darüber, an diesem Abenteuer teilnehmen zu dürfen, im Wissen um meine Begrenzungen, aber gestützt von dem Bewusstsein, dass wir nur dann besser werden können, wenn wir den Weg der
Erkenntnis und Zur-Kenntnis-Nahme der universalen Energien gehen.
Ich kann nur hoffen, meinen leidenden irdischen Brüdern und Schwe-
stern von Nutzen zu sein, die wie ich nach dem wahren Sein suchen.

Ich hoffe, dass es mir weiterhin möglich sein wird, unter bestmöglichen Bedingungen den so genannten unheilbaren Kranken zu helfen.
Ich kann nur denjenigen danken, die mir die Möglichkeit gegeben haben, die sprühenden Wunderwerke der Aura-Soma-Welt kennen zu lernen.

Eleda

Ich lasse mich mit geschlossenen Augen von einer Mole gleiten. Ich fühle, wie mein Sein sich in Harmonie befindet, umfangen von einer Dimension der Frische, die mich trägt.

Mein Körper wird unmerklich vom Wasser gestreichelt. Noch nie
habe ich so viele Fünkchen in mir und um mich herum glänzen sehen.
Ich atme die Spiegelungen des blitzenden Regenbogens ein.

Als ich Aura-Soma kennen lernte, spürte ich, wie meine Haut die
Schwingungen dieser Lichter einatmete. Es war ein Gefühl, das ich seit
jeher kannte, aber nur empfinden konnte, wenn ich mich dem Meeres-
leben anvertraute.

Ein Knoten in der Kehle hat mich zu meinen Wurzeln zurückgebracht, durch die Flasche B 1. In jenem Moment ist etwas sehr Tiefes in mir berührt worden. Es war, als ob ich Kontakt mit einer vertrauten Dimension ohne Grenzen aufgenommen hätte. Dann habe ich von den inneren Welten gehört, und alles wurde klarer.

Wenn ich mit den Farben arbeite, kommt es vor, dass ich bewusst die Momente meines Lebens und die verschiedenen Eigenschaften der Farben erlebe. Vorher war für mich Blau das Meer, das Gefühl der Frische, der Dialog mit dem Unendlichen. Danach wurde meine Sensibilität verfeinert. Ich entdeckte in mir die Emotion meiner Starre, das Gefühl der Isolierung, meine Kehle ohne Klang.

Ich erlebte daraufhin das Blau als einen enormen Raum, in dem das Rot meiner Frustrationen und Aggressionen sich ausdrücken und klären konnte. Daraus entstand eine neue Liebe zu mir selbst, den Dingen, den anderen. Meine innere Stimme wurde deutlicher. Das alles geschah auf klare und sanfte Weise.

Gloria

Die Erinnerung an meine erste Begegnung mit Aura-Soma hat etwas Magisches an sich, sowohl wegen der Umstände als auch wegen des Zufalls. Ich verliebte mich sofort, wie vom Blitz getroffen: Wärme und Enthusiasmus durchzogen mich, zusammen mit einer großen, von Neugierde gefärbten Aufregung. Ich wollte gleich wissen, weshalb dieses Fläschchen in meine Gedanken „eingetreten" war. Erst drei Wochen später bekam ich die restlichen Fläschchen zu sehen. Es waren vierundneunzig, und nicht nur eine, wie es mir zuerst erschienen war. Aber die Flasche, in die ich damals genauso verliebt war wie heute, hat für mich noch einmal an Licht gewonnen. Es ist die Nr. 49 - der „Neue Bote".

In diesem Leben ist mein großes Problem die Kommunikation, was durch die Tatsache bestätigt wird, dass ich an der Schilddrüse, also am Kehl-Chakra, operiert worden bin. Erst jetzt, wo ich Aura-Soma kennen gelernt habe, erkenne ich, dass es meine große Schwierigkeit ist, in Worten das auszudrücken, was ich sagen will. Aber mein Enthusiasmus war so groß, dass ich alles tat, um meinen Bekannten den Wert von Aura-Soma zu vermitteln. Der „Neue Bote" sagt mir, dass ich die Wahrheit darin finde, mich in den Dienst der anderen zu stellen und mit dem Herzen die tiefe Spiritualität auszudrücken, die ein Teil von mir ist. Als ich die alte Weisheit wieder fand, änderte sich auch meine Art zu massieren und den Körper zu pflegen. Tatsächlich teile ich jetzt mehr meine innere Kommunikation, statt sie wie früher aufzuzwingen. Eine Bestätigung dafür finde ich in dem Moment, in dem ich zu mir selbst Vertrauen fasse und aus diesem Vertrauen schöpfen kann. Dann kann ich es auch in denen wieder erwecken, die mir nahe stehen. Ich kann es anderen übertragen, um damit die Energie des Lichts und der Farbe zu verbreiten.

Jaya

Es gab viele Momente, die mich auf diesen Moment, viele Leben, die mich für dieses Leben vorbereitet haben. Die Farben sind Teil meines genetischen Tam-tams; durch sie geht meine Erinnerung. Die Farben sind Erinnerung. Sie haben seit jeher mein Leben verschönert; sie waren der Widerschein des Lebens selbst. Als ich etwa vor einem Jahr das großartige Panorama der Aura-Soma-Fläschchen zum ersten Mal sah, war es Liebe auf den ersten Blick - tief und intensiv... Etwas, das dein Herz erfasst und dich vor Freude verrückt macht. Ich übertreibe nicht. Bei der Rückkehr von meinem Grundkurs fragten mich die Leute, was denn mit mir geschehen sei, was mich mit all dieser Energie und diesem Enthusiasmus erfüllt habe.

Ich fühlte mich endlich zu Hause. Wie ein Seemann, der tausend Abenteuer überstanden hat, hatte ich endlich das Gefühl, zu wissen, 'warum ich zurückgekehrt war'.

Alle Neuigkeiten, die ich im Laufe der Kurse erfuhr, sind Schlüssel, die Türen über Türen öffnen und die inneren Mauern einreißen. Sie aktivieren Teile in dir, die noch unerforscht sind oder darauf warten, dass du dich erinnerst, WER DU BIST!

Sich in den Farben gespiegelt zu sehen und sich wieder zu erkennen, ist ein Wunder! Und es ist ein Geschenk, den Inhalt dieser Flaschen auf dem eigenen Körper anwenden zu dürfen. Zu fühlen, was wir wirklich benötigen, loszulassen, zuzuhören und Zeuge von dem zu werden, was geschieht...!

Dennoch ist es wirklich schwierig, in Worten auszudrücken, was Aura-Soma für mich bedeutet. Es hat zu tun mit dem Gefühl der Einheit mit dem Universum, das ich empfinde, wenn ich seine Düfte einatme, meine Aura mit seinem Licht streichele...

Es ist schön; wie ein Spiel, das dich dir selbst schenkt, das dir hilft, dein stürmisches Meer zu überqueren und dich dabei an der Hand hält. Es hilft dir, zu erblühen.

Wenn du dich selbst triffst, ändert sich etwas, ändern sich die Personen, die du triffst, und das Leben ist ein Wunder.

Ich habe mein Herz geöffnet. Ein Fluss ist aus meinen Händen entsprungen und hat die Farben auf die Leinwand des Lebens gemalt. Es war der Traum meines Lebens. Um dorthin zu gelangen, bin ich durch Zonen des Schattens gegangen.

Ich danke Aura-Soma und den Farben dafür, dass sie zu mir gekommen sind.

Raffaella

Ich traf etwa vor einem Jahr in meiner Heimatstadt auf Aura-Soma, als ich zu einer Präsentation dieser neuen Therapieform eingeladen wurde. Noch am gleichen Abend machte ich voller Begeisterung über diese leuchtenden Flaschen einen Termin für eine Einzelsitzung am nächsten Tag aus.

Unter anderem riet man mir, am ersten Ausbildungskurs zum Aura-Soma-Berater teilzunehmen; denn aus der Befragung ging hervor, dass dies für mich sehr gut sein würde. Ich befolgte diesen Rat. Meine Begeisterung war so groß, dass ich gleich danach den zweiten Kurs absolvierte und jetzt dabei bin, das Abenteuer des Dritten anzugehen.

Ich schreibe das alles, weil es meiner Meinung nach auch für andere Menschen von Wert sein kann. Zum ersten Mal in meinem Leben zeigte ich eine gewisse Ausdauer bei der Verfolgung eines Ziels, und was noch einzigartiger ist, mein Enthusiasmus-Interesse ist nicht untergegangen, hat sich nicht in ein ergebnisloses Nichts aufgelöst. Das, was ich hier tue, wird sich nicht ans Ende einer Liste aus der Serie 'Das hab ich auch ausprobiert' anfügen!

Ich tue hier etwas, das mir sehr viel gibt und von dem ich das Gefühl habe, es für mich selbst - in gewissen Momenten sollte ich besser sagen 'trotz meiner selbst' - weiterzumachen.

Meine Zweifel, mein Zögern und die verschiedenen Enttäuschungen sind noch nicht ganz verschwunden; aber sie beeinflussen meine Entschlossenheit nicht mehr, auf diesem Weg weiterzugehen. Es gibt etwas in mir, das mich daran hindert, mich anders zu verhalten...

Der erste Kurs war wirklich sehr intensiv und reich an Informationen. Sich vorzustellen und die Bekanntschaft mit jeder Equilibrium-Flasche zu machen, war wie die Teilnahme an einem Fest, wo alle Eingeladenen so interessant sind, dass du nicht anders kannst, als sie alle kennen lernen zu wollen. Nur war mein Kopf danach so angefüllt, dass scheinbar kein weiteres Wort mehr hineinpasste.

Aber während des zweiten Kurses reduzierte sich das alles, denn nun kam eine neue Lawine auf uns zu. Diese Lawine bestand aus der Vertiefung jeder Farbe unter Anwendung der vier Interpretationsebenen - der spirituellen, geistigen, emotionalen und körperlichen. Es war, als ob wir, statt in der horizontalen Ebene, in einer Vertikalen in die Tiefe gingen. Die Möglichkeit, jede Farbe aus dieser neuen Perspektive anschauen zu können, hat mir auf einzigartige Weise die Grundlage erweitert, aus der ich meine Inspirationen beziehen kann. Ich fühle, wie diese Art der Annäherung mir eine größere Flexibilität und einen größeren Reichtum an Bedeutung verschafft. Und hier kommen wir zu einem weiteren Punkt, der für mich sehr wichtig ist. Aura-Soma regt mich an und hilft mir, immer mehr auf die Stimme der Intuition zu hören und immer mehr auf sie zu vertrauen. Es ermutigt mich, Neuland zu betreten, ohne die illusorische Unterstützung der 'Sicherheiten', und nicht mehr meine Bestätigung darin zu suchen, was 'die anderen sagen', sondern mich im 'Nichtwissen' zu entspannen...

Ich spüre, dass, wenn ich meine innere Stimme sprechen lasse, mein Herz in eine wirkliche Kommunikation mit der Person tritt, die ich vor mir habe, und nicht in einen intellektuellen Dialog. Es ereignet sich ein Austausch an Stelle einer einseitigen Bewegung.

Dieser Stimme Glauben zu schenken, ihr zu erlauben, sich auszudrücken, ist eine Herausforderung für jenen Teil von mir, der die 'gewissen', 'sicheren', 'festgelegten' Dinge möchte... und folglich auch den Tod!..."

8. DIE SIEBEN CHAKRAS HEILEN

DAS 1. CHAKRA

Symptome einer Störung

Körperlich:	Kalte Füße. Mangel an Wärme. Stau an den Beinen. Hoher oder niedriger Blutdruck. Frigidität oder Impotenz. Alle Pathologien des sexuellen Bereichs. Chronische Müdigkeit. Probleme an den Knien oder Knöcheln.
Emotional:	Unsicherheit. Mangel an Selbstachtung. Unfähigkeit des sexuellen Ausdrucks. Geiz. Gier. Habsucht. Wut und Frustration.
Mental:	Sexuelle Besessenheit. Unfähigkeit, Dinge zu konkretisieren. Materielle Unzufriedenheit.

Aura-Soma

Equilibrium-Flaschen :	5, 6, 11, 19, 27, 28, 29, 30, 40, 52, 55, 65, 71, 80, 84, 89
Pomander:	rot, bordeauxrot, pink, tiefmagenta.
Quintessenz:	Christus, Lady Nada, Pallas Athene, Orion und Angelika.

Übungen:

Das überladene 1. Chakra entladen

Ziehe dich an einen Platz zurück, an dem du dich wohl fühlst. Nimm den roten Pomander und führe das Schutzritual aus. Wenn du merkst, dass du zu viel Energie hast, tanze zehn Minuten oder eine Viertelstunde mit all deiner Leidenschaft zur Musik von 'Feet in the soil' (James Asher). Achte darauf, dass du mit den Füßen energisch aufstampfst. Danach halte an, schließe deine Augen und richte deine Aufmerksamkeit auf den Bereich des ersten Chakras. Wenn du das Gefühl hast, dass dein erstes Chakra immer noch zu überladen ist, tanze fünf oder zehn Minuten weiter. Wenn du dich bereit fühlst, kannst du zuerst einmal duschen, um dich von aller entladenen Energie zu reinigen oder sofort eines der folgenden Öle im Bereich des ersten Chakras auftragen: 5, 6 oder 89.

Führe zum Schluss die Anrufung mit der Quintessenz „Pallas Athene" durch.

Wiederhole diese Übung täglich, etwa sieben bis zehn Tage lang.

Das 1. Chakra anregen

Wenn dein 1. Chakra sich zu schwach oder nicht aktiv anfühlt, trage eines der folgenden Öle auf: 5, 6, 19, 89. Bewege danach energisch dein Becken etwa 20-30 Mal vor- und rückwärts. Halte an, schließe deine Augen und führe deine Atmung so tief wie möglich zum 1. Chakra hinunter.

Führe zum Schluss die Anrufung mit der Quintessenz „Christus" durch.

Wiederhole diese Übung zehn Tage lang zweimal täglich.

Das 1. Chakra nähren

Wenn du irgendeines der oben genannten Symptome an dir erkennst, ist diese Übung sehr nützlich.

Errichte zuerst den Aura-Schutz mit dem pinkfarbenen Pomander. Danach wähle eine der folgenden Flaschen aus: 11, 52, 71, 81. Setze dich bequem hin, schließe deine Augen und gehe mit der Flasche über

120

das Gebiet des 1. Chakras, wobei du tief in dieses Chakra hineinatmest. Fahre damit etwa zehn bis fünfzehn Minuten lang fort. Führe zum Schluss die Anrufung mit der Quintessenz „Lady Nada" durch.

Mentale Neuprogrammierung

Um das 1. Chakra zu heilen, ist es sehr wichtig, die alten Gedanken-formen durch neue zu ersetzen. Dazu bedarf es einer gewissen Disziplin. Ohne diese Disziplin werden die alten Gedanken, die seit Jahrzehnten in dir verwurzelt sind, immer wieder die Oberhand gewinnen. Es wird dir daher helfen, in dein mentales System neue Gedanken einzufügen, die wir dir hier vorschlagen. Daher sprechen wir von Neuprogrammierung und nicht von Affirmationen. Neuprogrammierung bedeutet jedoch fort-gesetzte Disziplin. „Denke" daher einen oder mehrere der folgenden Sät-ze so oft wie möglich im Verlauf eines Tages. Gleiche jeden Satz, der dem neuen Gedanken, den du gerade 'ins Programm aufnimmst', entgegen-gesetzt ist, aus, indem du den neuen Gedanken einmal mehr denkst.

„Es tut mir gut, meine Sexualität zu leben."

„Es macht mir Spaß, materielle Initiativen zu verwirklichen."

„Das Universum gibt mir auf der materiellen Ebene alles, was ich benötige."

Meditationen und Visualisationen

Der rote Atem

Diese Meditation kann man allein oder zu mehreren Personen machen. Ihr setzt euch vor eine Flasche Nr. 6 oder bildet einen Kreis um mög-lichst viele Flaschen Nr. 6 - ideal wäre eine pro Teilnehmer. Ihr könnt eure Meditation mit einer sanften Musikuntermalung unterstützen, wie etwa 'Dance of the Light' (James Asher) oder einer anderen Musik.

Alle schließen dann ihre Augen und atmen normal. Dann beginnt ihr zu visualisieren, dass die Luft, die ihr einatmet, rot ist und durch euer

erstes Chakra ein- und austritt. Dies sollte fünfzehn Minuten durchgeführt werden. Danach entspannt ihr euch, legt euch auf den Boden und
spürt einfach die Erde, die euch aufnimmt und trägt. Ruht euch noch
fünf Minuten aus und öffnet dann eure Augen. Schließt die Meditation
mit der Quintessenz „Orion und Angelika".

Sich in der Erde verwurzeln
Diese Meditation sollte in der freien Natur durchgeführt werden. Nimm
eine der folgenden Flaschen dazu mit: 27, 28, 30, 55, dazu den roten
Pomander und die Quintessenzen „Orion und Angelika" oder „Christus". Suche dir einen Platz, wo die Erde kahl ist - ohne Pflanzen, Blätter
oder Steine - einfache, kahle Erde. Führe das Ritual des jeweiligen
Pomanders aus und verteile ein wenig davon auf dem Platz, den du gewählt hast. Lege dich auf die Erde. Spüre den Pulsschlag der Erde unter
dir. Stelle dir jetzt vor, du würdest in der Erde versinken, in den Boden.
Spüre die Schwere und Festigkeit der Erde. Stelle dir vor, dass alles, was
schwer in dir ist, von der Erde aufgesaugt wird und du im Austausch
dafür mit einer Energie der Frische, Weichheit und Tiefe angefüllt wirst.
Bleibe mindestens zehn Minuten an dieser Stelle. Trenne dich danach
von der Erde und stehe vom Boden auf, wobei du ihr innerlich für ihre
Gastfreundlichkeit dankst. Führe nun das Ritual der Quintessenz durch
und rufe dabei die höheren Energien um Hilfe an.

DAS 2. CHAKRA

Symptome einer Störung

Körperlich: Verstopfung. Verdauungsstörungen. Gewichtsprobleme.
               Dickdarmentzündung. Rückenschmerzen. Ischias.
               Sterilität. Klimakterium. Schmerzhafte oder unregelmä-
               ßige Menstruation.

Emotional:	Anhaftung. Abhängigkeit. Emotionale Beziehungsunfähigkeit. Isolierung. Schock. Gefühl der Getrenntheit. Wahrnehmungsschwierigkeiten. Schuldgefühle.
Mental:	Angst vor dem Verlassenwerden. Kontrollbedürfnis.

Aura-Soma

Equilibrium-Flaschen :	22, 23, 26, 59, 61, 72, 79, 82, 87, 92, 93
Pomander:	orange
Quintessenz:	Lao-Tse und Kwan Yin, Sanat Kumara

Übungen:

Die eigenen Bedürfnisse erkennen
Führe das Ritual des orangefarbenen Pomanders durch. Wähle eine der folgenden Flaschen: 26, 72, 79. Stelle einen Spiegel so auf, dass du, wenn du dich davor entweder auf die Erde oder auf einen Stuhl setzt, so viel wie möglich von dir, zumindestens aber dein Gesicht sehen kannst. Halte die Flasche mit einer Hand auf den Bereich des zweiten Chakras.

Fixiere jetzt mit deinen Augen den Spiegel und frage dich, was deine Bedürfnisse sind. Nach einigen Minuten kannst du beginnen, deinem Spiegelbild deine Bedürfnisse mitzuteilen, etwa so: „Ich wünsche mir......, ich wünsche mir.......; das machst du etwa zehn Minuten lang. Du kannst alle Bedürfnisse aufzählen, die dir in den Sinn kommen, auch wenn sie dir lächerlich erscheinen.

Diese Übung regt stark die Emotionen an. Wenn es dir nach Weinen oder Lachen zu Mute ist, lasse es zu. Schließe dann deine Augen, gehe in dich hinein und werde dir dessen bewusst, was du fühlst.

Zum Schluss versprich dir selbst, alles Nötige zu unternehmen, um deine Bedürfnisse zu befriedigen, auch wenn dir das unmöglich erscheint.

Schließe diese Übung mit dem Ritual der Quintessenz „Lao-Tse" ab, wobei du die Energien des Überflusses einlädst, deine Bedürfnisse zu befriedigen.

Lachen und Lachen
Beginne mit dem Ritual des orangefarbenen Pomanders. Wähle eine der folgenden Flaschen: 23, 26, 87.

Trage einige Tropfen der Flasche, die du gewählt hast, auf dein zweites Chakra auf, bedecke dabei den gesamten Bereich des Chakras, also vorne, hinten und seitlich. Wenn du dich bereit fühlst, fange an zu lachen. Versuche, über alles zu lachen, was dir in den Sinn kommt, was du um dich herum siehst, was dir gefällt oder missfällt. Wenn du dich in der unglücklichen Situation befindest, nichts zu haben, worüber du lachen kannst, dann stelle dir vor, einen Film der Marx-Brothers zu sehen, oder erfinde irgendetwas anderes, das dich zum Lachen bringt. Du musst nur lachen, lachen, lachen. Praktiziere das zehn Minuten lang. Diese Übung wird dir helfen, die Emotionen zu lösen und dich von ihnen zu distanzieren.

Schließe mit der Quintessenz" Sanat Kumara".

Das 2. Chakra nähren
Wähle irgendeine Flasche des 2. Chakras. Trage einige Tropfen der ausgewählten Flasche auf dein 2. Chakra auf. Schließe deine Augen und halte deine Hände über den Bereich deines 2. Chakras, in dem Abstand, der für dich richtig ist, ohne jedoch deinen physischen Körper zu berühren. Atme in dein 2. Chakra. Visualisiere die Farbe Orange, wie sie aus deinen Händen fließt und den gesamten Bereich des 2. Chakras ernährt. Bleibe etwa 10 Minuten in dieser Haltung.

Schließe die Übung mit der Quintessenz „Lao-Tse".

Schocks heilen
Diese Übung gilt sowohl für vor kurzem erlittene Schocks wie auch für die der entfernteren Vergangenheit.

Beginne mit dem Ritual des orangenen Pomanders. Trage das Öl der

Flasche Nr. 26 auf den Bereich des 2. Chakras und auf die ganze linke Seite des Körpers auf, beginnend von unterhalb des Ohrs bis hinunter zum Knöchel. Stelle dir nun ein orangefarbenes Licht vor, das deinen ganzen Körper einhüllt. Jetzt visualisiere das orangene Licht, wie es wie ein Laser die alten, in deinem Körper und deinem Bewusstsein gespeicherten Erinnerungen aufzulösen beginnt. Dieses Licht ist mit allen positiven Energien des Verzeihens aufgeladen, die du benötigst, um von deinen Schocks geheilt zu werden. Es nährt dich mit der Energie der Wiedergeburt und des Neubeginns. Löse danach das orangene Licht im Nichts auf. Benutze die Quintessenz „Sanat Kumara", um die soeben erfolgte Heilung zu verstärken. Wiederhole diese Übung im Lauf eines Monats an zwei oder drei Tagen.

Mentale Neuprogrammierung

Um das 2. Chakra zu heilen, ist es sehr wichtig, die alten Gedankenformen durch neue zu ersetzen. Dazu ist eine gewisse Disziplin erforderlich. Ohne Disziplin werden die alten Gedanken, die seit Jahren in dir verwurzelt sind, immer wieder die Oberhand gewinnen. Es wird dir daher helfen, deinem Geist neue Gedanken, wie die im Folgenden beschriebenen, einzugeben. Wir sprechen hier von Neuprogrammierung und nicht von Affirmationen. Neuprogrammierung bedeutet ständige Disziplin. „Denke" daher einen oder mehrere der folgenden Sätze so oft wie möglich in deinem Tagesverlauf. Gleiche jeden Satz, der dem neuen Gedanken, den du gerade 'ins Programm aufnimmst', entgegengesetzt ist, aus, indem du den neuen Gedanken einmal mehr denkst.

„Ich kann mich den Kräften des Neuen öffnen."

„Das Leben überflutet mich mit angenehmen Dingen."

„Das Universum liebt und schützt mich."

„Himmel, Wind, Sonne und Bäume - alle nähren mich."

Den Lichtkörper spüren

Dies ist eine Partnermeditation. Schützt eure Aura gegenseitig mit dem orangefarbenen Pomander. Dann schließt einer der Partner die Augen, während der andere sich weitere Tropfen des orangefarbenen Pomanders auf die Handfläche gibt und dann seine Hände sehr langsam über den gesamten Lichtkörper des Partners gleiten lässt, der dabei einfach seine Augen geschlossen hält, atmet und empfängt. Derjenige, der empfängt, wird dazu aufgefordert, seine Aufmerksamkeit auf das zu richten, was er dabei empfindet. Nach fünf Minuten könnt ihr wechseln.

Schließt die Meditation mit der Quintessenz „Sanat Kumara".

Die kosmische Expansion

Beginne das übliche Ritual mit dem orangefarbenen Pomander. Wähle eine der folgenden Flaschen aus: 23, 26, 59, 61, 87, 93. Lege dich hin und schließe deine Augen. Halte die Flasche auf den Bereich des 2. Chakras und bedecke sie mit beiden Händen. Lenke deine Atmung auf die Flasche, wodurch du sie energetisch auflädst. Stelle dir jetzt vor, dass dein 2. Chakra sich auszudehnen und zu wachsen beginnt, bis es den Raum, in dem du dich befindest, völlig ausfüllt. Es dehnt sich weiter aus, bis es den ganzen Planeten umhüllt. Das kann in etwa fünf Minuten geschehen. Wenn in deiner Vorstellung das 2. Chakra den ganzen Planeten der Erde umfasst, visualisiere sanft, dass es sich wieder zusammenzieht, bis es in weiteren ca. fünf Minuten wieder auf seine anfängliche Größe zurückgeht. Bleibe noch weitere fünf Minuten liegen und fühle einfach dein 2. Chakra.

Schließe die Meditation mit der Quintessenz „Lao-Tse".

DAS 3. CHAKRA

Symptome einer Störung

Körperlich: Magenprobleme aller Art. Leber. Pankreas. Probleme des zentralen Nervensystems. Übelkeit. Hautkrankheiten.

Emotional: Übertriebener Wettbewerb. Urteil. Mangel an Flexibilität. Unfähigkeit, sich kreativ auszudrücken. Minderwertigkeitskomplex oder Größenwahn. Arroganz. Falsche Bescheidenheit. Gefühl der Unwürdigkeit. Angst. Furcht. Entsetzen.

Mental: Kontrolle. Konfusion. Zu viel geistige Aktivität.

Aura-Soma

Equilibrium-Flaschen : 4, 7, 8, 14, 18, 22, 31, 32, 39, 40, 41, 42, 47, 51, 59, 61, 70, 73, 74, 76, 83, 90, 94, 95, 97, 98, 99

Pomander: gelb, gold

Quintessenz: Lady Portia, Kuthumi

Übungen:

Das 3. Chakra aktivieren

Beginne mit dem gelben Pomander und dem üblichen Ritual. Nimm die Flasche Nr.4. Lege dich mit dem Bauch nach unten auf den Boden. Lege die Flasche so auf das 3. Chakra, dass dein Gewicht auf die Flasche drückt. Das kann sehr unbequem oder sogar schmerzhaft sein. Lasse dich davon nicht abschrecken. Atme so tief wie es in dieser Position möglich ist, die du mindestens fünf Minuten lang halten solltest. Drehe dich dann auf den Rücken und lege die Flasche wieder auf das 3. Chakra, wobei du diesmal normal atmest. Bleibe noch fünf Minuten in dieser Stellung.

Schließe mit der Quintessenz Lady Portia.

Das 3. Chakra entladen

Beginne mit dem goldenen Pomander. Wähle zwei Flaschen des 3. Chakras aus. Setze dich an einen Tisch und stelle die beiden Flaschen zu beiden Seiten vor dir auf. Fixiere deine Aufmerksamkeit zwei Minuten lang auf die beiden Flaschen; lasse vor deinem geistigen Auge alles vorüberziehen, was dir an dir selbst oder den anderen nicht gefällt. Nach diesen zwei Minuten beginne zu sagen, was dir an dir selbst oder den anderen nicht gefällt, etwa in folgenden Sätzen: „Es gefällt mir nicht,..........zu sein." „Mir gefallen Leute nicht, die.......... ." X gefällt mir nicht, weil.......... ." Wenn du alles gesagt hast, was dir nicht gefällt, schließe einen Moment die Augen und spüre einfach dein 3. Chakra. Mache deine Augen wieder auf und konzentriere dich von neuem auf die beiden Flaschen, wobei du in einen Bereich des Akzeptierens eintrittst, in dem du dich selbst und die anderen mit allen Fehlern annimmst, so, wie du bist oder wie sie sind.

Wenn du fühlst, dass dir die Annahme wirklich gelungen ist, schließe diese Übung mit der Quintessenz „Lady Portia".

Das 3. Chakra nähren

Beginne mit dem goldenen Pomander. Wähle eine der folgenden Flaschen: 4, 14, 41, 42, 51, 70, 73, 76, 90. Trage einige Tropfen aus der gewählten Flasche vorne, hinten und seitlich auf dein 3. Chakra auf. Schließe deine Augen, beginne, in dein 3. Chakra zu atmen, und wenn du spürst, dass du mit deinem Atem eins bist, halte deine Handflächen vor das 3. Chakra, ohne den physischen Körper zu berühren. Nach kurzer Zeit beginnst du, ein Feuer zu visualisieren, das sich von deinen Handflächen ausbreitet und wie ein Feuerherd dein gesamtes 3. Chakra zu erwärmen beginnt. Lasse die Wärme, die in deinem 3. Chakra entsteht, sich in deinem ganzen Körper ausbreiten und ihn mit Kraft und warmer Energie erfüllen.

Schließe mit der Quintessenz „Lady Portia".

Neuprogrammieren heißt, stark verwurzelte Gedankenformen durch neue Konzepte zu ersetzen, die aus einer größeren Bewusstheit entstehen. Dazu ist eine ständige Disziplin erforderlich. Ohne diese Disziplin werden die seit Jahrzehnten kristallisierten Gedanken immer wieder die Oberhand gewinnen. Gib daher deinem Geist Gedanken wie die im Folgenden beschriebenen ein. Wir sprechen hier von Neuprogrammierung und nicht von Affirmationen. Dazu solltest du dir Mühe geben, einen oder mehrere der folgenden Sätze so oft wie möglich in deinem Tagesverlauf zu „denken". Gleiche jeden Satz, der dem neuen Gedanken, den du gerade 'ins Programm aufnimmst', entgegengesetzt ist, aus, indem du den neuen Gedanken einmal mehr denkst.

„Ich habe die Macht, mein Leben so zu gestalten, wie ich will."

„Macht und Harmonie heilen mich."

„Ich bin eine Quelle der Kreativität."

„Ich finde das Positive in jedem Menschen und in allen Dingen."

„Mit anderen zusammenzuarbeiten, fällt mir leicht und tut mir gut."

Meditationen

Die Sonnenmeditation

Diese Meditation solltest du möglichst in der Natur machen. Nimm die Quintessenz „Kuthumi" und eine der folgenden Flaschen mit: 4, 7, 8, 14, 18, 22, 31, 32, 39, 47, 59, 61, 70, 73, 74. Wähle einen sonnigen Tag für deine Meditation. Suche dir einen Platz, der möglichst nahe an einem Baum liegt, von dem aus du jedoch die Sonne sehen kannst. Beginne mit dem Ritual der Quintessenz. Rufe mit diesem Ritual die Energie der Natur an, mit der wir Menschen so sehr verbunden sind. Setze dich bequem hin. Halte die Flasche mit beiden Händen auf das 3. Chakra. Schließe die Augen und spüre die Sonne auf deinem Körper. Stelle dir vor, dass die Sonne, die du spürst, sich auch in der Flasche befindet, die du in den Händen hältst, und so dein 3. Chakra erwärmt. Fühle, wie die

Kraft des Lebens und der Wärme alle Dinge auflöst, die dir an dir selbst nicht gefallen, alle deine negativen Gedanken, alle deine Ängste. Bleibe in diesem Gefühl, solange du willst, aber wenigstens zehn Minuten lang. Wenn du merkst, dass die Sonne wirklich in dich eingetreten ist, danke ihr und öffne deine Augen. Schließe die Meditation wieder mit der Quintessenz „Kuthumi". Opfere ein wenig davon auch der Sonne und dem Baum, der dich unterstützt hat.

Frage an die Natur

Das ist eine weitere Natur-Meditation. Nimm den gelben Pomander, die Quintessenz „Kuthumi" und eine Flasche Nr. 51 mit. Suche dir einen Platz, an dem du Steine finden kannst. Führe das Ritual des Pomanders aus. Wähle jetzt einen Stein, der dich anzieht. Nähere dich ihm, ohne ihn zu verrücken. Setze dich zu ihm wie zu einem Freund. Grüße den Stein schweigend und drücke ihm deinen Respekt für sein großes Alter und seine Erfahrung aus. Opfere dem Stein einige Tropfen der Quintessenz „Kuthumi". Nimm die Flasche Nr. 51 in die Hände. Schließe deine Augen und formuliere eine Frage, die für dich wichtig ist und auf die du eine Antwort erhalten möchtest. Wenn du spürst, dass sich die Flasche in deinen Händen erwärmt, lasse deine Frage von der Flasche zum Stein gehen. Gib dich diesem Energiefluss hin, wobei du die Frage im Kopf behältst. Die Antwort wird vom Stein selbst kommen. Sei dir darüber im Klaren, dass die Antwort des Steins sich nicht unbedingt sofort zeigt; sie kann auch im Laufe des Tages zum Vorschein kommen, wenn du vielleicht schon diese Übung vergessen hast.

DAS 4. CHAKRA

Symptome einer Störung

Körperlich:	Alle Pathologien des Herzens und der Lungen. Asthma. Bronchitis. Erstickungsgefühle. Stiche in den Rippen. Kreislaufprobleme.
Emotional:	Depression. Traurigkeit. Misstrauen. Verbitterung. Eifersucht. Neid.
Mental:	Zu kopfbetont. Verschlossen. Besessenheit.

Aura-Soma

Equilibrium-Flaschen :	3, 7, 10, 11, 13, 17, 21, 24, 27, 28, 31, 34, 38, 43, 45, 46, 49, 53, 62, 63, 64, 74, 75, 82, 83, 85, 86, 88, 91, 92, 93.
Pomander:	smaragdgrün, olivgrün, pink, türkis
Quintessenzen:	Djwal Khul, Hilarion, Lady Nada, Maha Chohan

Übungen

Das Herz aktivieren

Beginne mit dem olivgrünen Pomander. Wähle eine der folgenden Flaschen aus: 3, 9 10, 11, 13, 53, 63, 64, 91. Knie dich in Zen-Haltung nieder, indem du dich auf deine Absätze hockst. Trage einige Tropfen der Flasche in der Herzgegend auf. Öffne deine Arme und Hände zum Himmel. Halte sie so, bis du merkst, dass sie zu vibrieren beginnen. Lege jetzt deine Hände aufs Herz-Chakra und entspanne dich. Wiederhole diesen Zyklus des Gebens und Nehmens eine Viertelstunde lang. Lege dich danach fünf Minuten hin, schließe deine Augen und spüre dein Herz; entspanne dich.

Schließe diese Übung mit der Quintessenz „Djwal Khul".

Der Gesang des Herzens

Beginne mit dem Ritual der Quintessenz „Lady Nada". Wähle eine der folgenden Flaschen aus: 7, 9, 10, 17, 21, 24, 27, 28, 31, 34, 38, 45, 52, 53, 63, 64, 74, 75, 82, 83, 88. Suche dir einen ruhigen, abgelegenen Platz und setze dich bequem hin. Halte die ausgewählte Flasche mit beiden Händen auf dein Herz. Schließe deine Augen und beginne, den Vokal „Eeeeeeeeeeeeeeee......." zu singen, wobei du die Schwingung dieses Klangs in deinem Herz-Chakra fühlst. Diese Übung wurde dazu entwickkelt, dein Herz durch den heiligen Vokal „Eeeeeeeee......" zu erwecken und ihm Raum zu geben. Wenn du die ganze Luft ausgeatmet hast, atme von neuem tief ein und wiederhole den Klang. Paktiziere das zehn Minuten lang. Danach kannst du dir einige Minuten der Entspannung und des Schweigens gönnen.

Schließe mit der Quintessenz „Lady Nada".

Mentale Neuprogrammierung

Um das 4. Chakra zu heilen, ist es sehr wichtig, die alten Gedankenformen durch neue zu ersetzen. Dazu bedarf es einer gewissen Disziplin. Ohne Disziplin werden die alten Gedanken, die seit Jahren in dir verwurzelt sind, immer wieder die Oberhand gewinnen. Es wird dir daher helfen, deinem Geist neue Gedanken, wie die im Folgenden beschriebenen, einzugeben. Wir sprechen hier von Neuprogrammierung und nicht von Affirmationen. Neuprogrammierung bedeutet ständige Disziplin. „Denke" daher einen oder mehrere der folgenden Sätze so oft wie möglich in deinem Tagesverlauf. Gleiche jeden Satz, der dem neuen Gedanken, den du gerade 'ins Programm aufnimmst', entgegengesetzt ist, aus, indem du den neuen Gedanken einmal mehr denkst.

„Ich kann Liebe geben und empfangen."

„Mein Herz ist schön und lebendig."

„Ich liebe und werde geliebt."

„Wenn ich mich öffne, erhalte ich immer mehr."

„Mein Herz ist wie eine Blüte, die sich der Sonne der Liebe öffnet."

Von Herzen miteinander teilen

Diese Meditation solltet ihr zu zweit durchführen. Beginnt mit dem Ritual des smaragdgrünen Pomanders, wobei ihr ihn auch an der Körperrückseite ventiliert. Jeder von euch kann eine der folgenden Flaschen auswählen: 3, 9, 10, 13, 17, 21, 24, 33, 34, 38, 43, 49, 62, 75, 85, 86, 88, 93. Setzt euch einander gegenüber, haltet eure Flasche in der Hand und legt sie dann aufs Herz. Die Meditation besteht darin, eure Herzen miteinander zu teilen und mit dem Herzen zu lauschen. Entscheidet, wer zuerst sprechen soll. Derjenige, der spricht, hält die Flasche auf sein Herz und beginnt all das mitzuteilen, was er im Moment empfindet. Es kann sich dabei um Dinge der Vergangenheit handeln oder um solche, die jetzt zum Vorschein kommen. Wichtig ist dabei, nichts zu zensieren und alles zu sagen, was vom Herzen kommt. Derjenige, der zuhört, soll einfach mit dem Herzen zuhören, ohne je zu unterbrechen oder zu kommentieren, nicht einmal mit einer Geste. Mit dem Herzen zuzuhören bedeutet, dass man einfach alles ohne jede Bewertung und ohne jedes Urteil aufnimmt. Nach zehn Minuten wechselt ihr die Rollen, und derjenige, der vorher zugehört hat, spricht jetzt; dabei haltet ihr euch an die gleichen Regeln. Dankt einander nach weiteren zehn Minuten, schließt eure Augen und macht zum Abschluss das Ritual der Quintessenz „Lady Nada".

Das Herz der Gruppe

Das ist eine Gruppenmeditation. Nach dem Ritual mit dem türkisfarbenen Pomander wählt jeder eine der folgenden Flaschen: 9, 10, 13, 17, 21, 24, 33, 34, 38, 43, 45, 49, 62, 75, 85, 86, 88, 93. Nacheinander hat jeder die Möglichkeit, seine Flasche in beide Hände zu nehmen, sie aufs Herz zu legen und von seinem Herzen aus zu sprechen zu beginnen. Der Rest der Gruppe hört zu, wobei jeder seine ausgewählte Flasche vor sich stehen hat und seine Hände aufs Herz legt. Wenn alle Mitglieder der Gruppe zu Wort gekommen sind, wird die Meditation mit der Quintessenz Maha Chohan abgeschlossen.

Annahme des Herzens

Führe das Schutz-Ritual mit dem pinkfarbenen Pomander aus. Wähle eine der folgenden Flaschen: 3, 9, 10, 38, 54, 46. Setze dich an einen ruhigen, ungestörten Platz. Trage einige Tropfen der gewählten Flasche auf dein Herz auf. Schließe deine Augen und beginne, dich mit deinem Atem zu verbinden. Beobachte, in welchen Teil des Körpers er geht. Nimm ihn an, wie er ist, ohne ihn verändern zu wollen, sondern einfach, indem du ihn akzeptierst. Wie du selbst feststellen wirst, wird dein Atem durch die reine Annahme verändert. Fahre mit dieser Meditation fünfzehn Minuten lang fort. Schließe die Meditation mit dem Ritual der Quintessenz „Hilarion" ab.

DAS 5. CHAKRA

Symptome einer Störung

Körperlich:	Schilddrüsen- und Nebenschilddrüsenprobleme. Halsentzündung. Nackenschmerzen. Stottern. Nikotinabhängigkeit. Lähmungen.
Emotional:	Unfähigkeit, das auszudrücken, was man empfindet. Kommunikationsprobleme. Starrheit. Tendenz zur Selbstzerstörung. Unfähigkeit, 'nein' zu sagen. Depression. Einsamkeit.
Mental:	Aberglaube. Religiöse Abhängigkeit. Unbeugsamkeit. Manisches Kontrollbedürfnis.

Aura-Soma

Equilibrium-Flaschen:	0, 1, 2, 3, 8, 12, 24, 29, 30, 32, 33, 37, 44, 47, 50, 57, 58, 60, 68, 72, 88, 94.
Pomander:	blau, saphirblau
Quintessenz:	El Morya.

Die Sprache des Tao
Du beginnst diese Übung, die von den taoistischen Mönchen seit Jahrhunderten praktiziert wird, mit dem blauen Pomander. Wähle eine der folgenden Flaschen: 1, 2, 8, 12, 20, 30, 32, 33, 44, 47, 50, 57, 58, 60, 68, 94. Trage einige Tropfen der gewählten Flasche auf dein 5. Chakra auf. Ziehe dich in ein Zimmer zurück, in dem du deinen Gefühlen freien Lauf lassen kannst. Beginne, gut hörbare Töne von dir zu geben. Der Klang muss keiner bestimmten Modulation folgen. Es müssen keine Wörter irgendeiner bekannten Sprache erkennbar sein. Überlasse dich dieser nicht artikulierten Sprache. Bringe die Klänge hervor, die von alleine kommen. Lasse sie einfach Ausdruck finden. Du kannst deine Töne mit Körperbewegungen begleiten und dadurch Freude, Wut, Heiterkeit, Zorn, Schmerz usw. ausdrücken. Fahre damit fünf Minuten lang fort. Lege dann eine Pause ein, in der du dich sammelst, und versuche zu verstehen, ob es noch andere Emotionen gibt, die du durch die Spontaneität dieser Töne ausdrücken möchtest. Falls dies zutrifft, fahre weitere fünf Minuten fort. Dann entspanne dich und genieße die Stille. Schließe diese Übung mit der Quintessenz „El Morya".

Befreiung
Wähle zwei der Flaschen für das 5. Chakra aus, möglichst zwei gleiche, wie etwa zwei Flaschen Nr. 2 oder zwei Flaschen Nr. 50. Beginne mit dem blauen Pomander. Strecke dich jetzt in Rückenlage auf dem Boden aus und stelle die Flaschen rechts und links vom Hals auf. Schließe deine Augen und beginne entspannt zu atmen. Nach zwei Minuten visualisierst du ein blaues Licht, das mit jedem Einatmen durch das 5. Chakra in deinen Körper gelangt und jeden Widerstand, jede Blockierung, jede Versteifung auflöst, wo immer sie auch sei. Beim Ausatmen stelle dir vor, wie alles, was deinen freien Ausdruck behindert, dich durch den Mund mit der Silbe 'fu' verlässt, die du durch das Ausatmen noch verstärkst. Fahre damit etwa zehn Minuten lang fort. Entspanne dich zum Schluss und atme wieder normal. Schließe diese Übung mit der Quintessenz „El Morya".

Um das 5. Chakra zu heilen, ist es sehr wichtig, die alten Gedankenformen durch neue zu ersetzen. Dazu bedarf es einer gewissen Disziplin.
Ohne Disziplin werden die alten Gedanken, die seit Jahren in dir verwurzelt sind, immer wieder die Oberhand gewinnen. Es wird dir daher
helfen, deinem Geist neue Gedanken, wie die im Folgenden beschriebenen, einzugeben. Wir sprechen hier von Neuprogrammierung und nicht
von Affirmationen. Neuprogrammierung bedeutet ständige Disziplin.
„Denke" daher einen oder mehrere der folgenden Sätze so oft wie möglich in deinem Tagesverlauf. Gleiche jeden Satz, der dem neuen Gedanken, den du gerade ‘ins Programm aufnimmst’, entgegengesetzt ist, aus,
indem du den neuen Gedanken einmal mehr denkst.

„Frieden ist in meiner Natur."

„Ich kann mit meinem Leben fließen wie mit einem Fluss."

„Alle Elemente der Natur nähren und schützen mich."

„Ich kann mich vertrauensvoll dem Fluss des Lebens überlassen."

„Es ist einfach und angenehm, mich zu entspannen."

„Ich kann immer das mitteilen, was ich empfinde."

„Ich bin für das verantwortlich, was ich den anderen mitteile."

Meditationen

Die schützende Sphäre
Führe das Schutzritual mit dem saphirblauen Pomander durch. Nimm
die Flasche Nr. 50. Ziehe dich an einen ruhigen, stillen Ort zurück. Nimm
die Flasche in deine Hände. Schließe deine Augen und verbinde dich mit
deinem Atem. Jetzt beginne eine kleine, saphirblaue Lichtkugel zu visualisieren, die nach und nach mit jedem Atemzug immer größer wird, so
groß, dass du schließlich darin eintreten kannst. Du bist nun völlig von
der Kugel umhüllt; fährst aber weiter fort, ihr blaues Licht, das Licht des
vollkommenen Schutzes, mit jedem Atemzug zu intensivieren. Diese

Kugel hat die Macht, alle negativen Gedanken, Emanationen und Vibrationen, die auf dich gerichtet sind, auszuschalten. Bleibe daher etwa fünfzehn Minuten in der Kugel. Danach kannst du die Meditation mit der Quintessenz „El Morya" abschließen.

Die Botschaft des Wassers

Dies ist eine weitere Meditation, die du in der Natur durchführen kannst. Nimm den blauen Pomander, die Quintessenz „El Morya" und eine der folgenden Flaschen mit: 0, 2, 8, 12, 24, 33, 37, 44, 47, 50, 60, 94. Gehe an einen Platz mit Wasser. Es kommt nicht darauf an, ob es das Meer, ein See, ein Bach, Fluss oder Teich ist. Suche dir einen ruhigen Platz, von dem du das Wasser beobachten kannst. Beginne mit dem Ritual des Pomanders und widme ihn auch dem Platz, den du ausgesucht hast. Setze dich hin und trage ein paar Tropfen der gewählten Flasche auf dein 5. Chakra auf. Verschließe die Flasche und stelle sie so hin, dass du sie zusammen mit dem Wasser sehen kannst. Fixiere lange das Wasser und lasse deine Gedanken sich darin auflösen. Werde einfach zu einem Gefäß, das Wasser am Brunnen aufnimmt. Öffne dich jeder Art von Botschaft, die die höheren Kräfte dir senden wollen. Verbleibe etwa fünfzehn Minuten ohne irgendeine Erwartung in dieser Atmosphäre des Aufnehmens. Lasse einfach die Kraft des Wassers in deinem tiefsten Sein arbeiten und beobachte, was geschieht. Schließe das Ritual mit der Meditation der Quintessenz „El Morya" und opfere ein wenig davon auch dem Wasser zum Dank.

DAS 6. CHAKRA

Symptome einer Störung

Körperlich:	Stirnhöhlenentzündung. Störungen und Krankheiten der Augen. Alle mit der Hypophyse verbundenen Pathologien. Kopfschmerzen.
Emotional:	Vereinsamung. Große Angst. Depression. Übertriebene Verletzbarkeit. Erkaltung der Emotionen.
Mental:	Gefühl des Getrenntseins. Entweihung. Paranoia. Extreme Tendenz zur Idealisierung. Die Wirklichkeit nicht sehen wollen.

Aura-Soma

Equilibrium-Flaschen:	0, 32, 33, 47.
Pomander:	blau
Quintessenz:	El Morya

Übungen

Aktivierung des 3. Auges
Du benötigst dazu den blauen Pomander, die Flasche Nr. 0, die Quintessenz El Morya, eine Kerze und einen ruhigen, geeigneten Platz, an dem du die Kerze anzünden kannst.

Führe das Ritual des blauen Pomanders aus. Trage einige Tropfen der Flasche Nr. 0 auf Stirn und Schläfen auf. Setze dich vor die angezündete Kerze und fixiere sie etwa zehn Minuten lang, wobei du die Lider nur zuschlägst, wenn es absolut notwendig ist. Danach schließe deine Augen und verweile einige Minuten in dir selbst.

Schließe die Meditation mit der Quintessenz „El Morya".

Die Blockierungen des 6. Chakras auflösen

Beginne wieder dem Ritual des blauen Pomanders. Trage ein wenig Öl aus einer der Flaschen des 6. Chakras auf den Bereich dieses Chakras auf. Lege dich rücklings auf den Boden, schaue zur Decke und beginne, mit deinen Augen um einen imaginären Punkt an der Decke Kreise zu ziehen. Fahre damit zwei Minuten lang fort. Schließe deine Augen und konzentriere dich weitere zwei Minuten lang auf dein „drittes Auge", wobei du entspannt atmest. Wiederhole diese Übung dreimal. Dann gönne dir fünf Minuten Ruhe. Schließe die Meditation mit der Quintessenz „El Morya".

Die Vision des „dritten Auges"

Beginne mit dem Ritual der Quintessenz „El Morya". Setze dich an einem ruhigen, dunklen Platz bequem hin. Stelle die Flasche Nr. 0 vor dir auf. Fixiere jetzt deinen Blick auf die Flasche. Stelle dir jedoch dabei vor, dass du sie nicht mit mit deinen körperlichen Augen, sondern mit deinem „dritten Auge" siehst. Atme normal. Lasse alle möglichen Bilder und Erinnerungen in deinem Bewusstsein aufsteigen. Atme dabei weiter, ohne dich emotional verwickeln oder von deinen Gedanken ablenken zu lassen. Fahre mit dieser Übung etwa fünfzehn Minuten lang fort.

Schließe die Meditation mit der Quintessenz „El Morya".

Mentale Neuprogrammierung

Neuprogrammierung bedeutet, die alten Gedankenformen durch neue zu ersetzen. Dazu bedarf es einer gewissen Disziplin. Ohne Disziplin werden die alten Gedanken, die seit Jahren in dir verwurzelt sind, immer wieder die Oberhand gewinnen. Es wird dir daher helfen, deinem Geist neue Gedanken wie die im Folgenden beschriebenen einzugeben. Wir sprechen hier von Neuprogrammierung und nicht von Affirmationen. Neuprogrammierung bedeutet ständige Disziplin. „Denke" daher einen oder mehrere der folgenden Sätze so oft wie möglich in deinem Tagesverlauf. Gleiche jeden Satz, der dem neuen Gedanken, den du gerade 'ins

Programm aufnimmst', entgegengesetzt ist, aus, indem du den neuen Gedanken einmal mehr denkst.

„Ich kann den Inhalt der Dinge jenseits ihrer Erscheinung sehen."

„Spiritualität liegt in meiner Natur."

„Die höheren Energien begleiten mich und regen mich an."

„Es fällt mir leicht, Visionen zu erhalten."

„Mein drittes Auge öffnet sich jeden Tag mehr."

„Das, was ich verwirkliche, hilft mir, immer besser zu leben."

Meditationen

Meditation vor dem Spiegel

Suche dir einen ruhigen, geschützten Platz. Du brauchst dazu den blauen Pomander, die Quintessenz „El Morya", eine der Equilibrium-Flaschen für das 6. Chakra und einen Spiegel. Beginne das Ritual mit dem Schutz des blauen Pomanders. Diese Meditation regt die außersinnlichen Kräfte an; daher ist es absolut notwendig, das Ritual mit dem Schutz des blauen Pomanders zu beginnen. Trage dann einige Tropfen der gewählten Flasche auf dein 6. Chakra auf. Setze dich vor den Spiegel und beginne, einen Punkt zwischen den Augenbrauen zu fixieren. Vermeide es, deine Lider zu schließen. Wenn deine Augen zu tränen beginnen, entspanne dich. Atme durch den Mund mit allem, was geschieht und was du siehst. Übe diese Meditation etwa eine Viertelstunde lang aus. Danach lege dich hin, halte die Flasche in deinen Händen und bleibe ruhig liegen. Wenn du dazu bereit bist, stehe auf und schließe mit der Quintessenz „El Morya". Schreibe anschließend alles auf, was du gesehen und erfahren hast.

Mit dem „dritten Auge" wahrnehmen

Diese Meditation solltest du mit einem Partner ausführen. Jeder wählt eine der Flaschen für das 6. Chakra. Beginnt mit dem Ritual des blauen Pomanders und tragt einige Tropfen der gewählten Flasche auf die Stirn auf. Setzt euch einander gegenüber. Beginnt, gegenseitig euer drittes Auge bzw. einen Punkt zwischen den Augenbrauen zu fixieren. Atmet dabei normal und stellt euch vor, alles, was zum Vorschein kommt, fließt wie in einem großen Fluss und verschwindet im Nichts. Bleibt in Kontakt mit eurem Atem und fahrt mit dieser Meditation etwa zehn Minuten lang fort. Schließt danach eure Augen, versenkt euch in euren inneren Raum und lasst euch von Schweigen überfluten. Dankt eurem Partner und schließt die Meditation mit dem Ritual der Quintessenz „El Morya".

Der Strahl des „dritten Auges"
Diese Meditation ist für eine Gruppe gedacht. Stellt die Flaschen für das 6. Chakra in die Mitte. Führt gemeinsam das Schutzritual mit dem blauen Pomander aus. Setzt euch im Kreis um die Flaschen und schließt eure Augen. Stellt euch einen königsblauen Lichtstrahl vor, der von den Flaschen in der Mitte zu eurem „dritten Auge" geht. Lasst diesen Strahl durch dieses Zentrum in euch eintreten und sich in eurem Körper ausbreiten. In diesem Moment beobachtet ihr, was in eurem tiefsten Inneren vorgeht. Bleibt etwa zehn Minuten in dieser Wahrnehmung. Dann öffnet eure Augen und teilt eure Erfahrungen mit der Gruppe, wobei ihr darauf achten solltet, das mitzuteilen, was wirklich in euch vorgegangen ist. Denkt daran, dass die Wahrheit, auch wenn sie banal aussieht, das Tor zu unendlich weiten Horizonten sein kann.

DAS 7. CHAKRA

Symptome einer Störung

Körperlich:	Unruhe. Stress. Kopfschmerzen. Alle Beschwerden im Kopfbereich. Haarausfall.
Emotional:	Leiden. Schwierigkeiten mit den materiellen Aspekten des Lebens. Verlustgefühle. Nicht auf diesem Planeten inkarniert sein wollen. Bedürfnis nach Reinigung. Viele ungeweinte Tränen.
Mental:	Zu kopfbetont. Skepsis.

Aura-Soma

Equilibrium-Flaschen:	0, 15, 16, 18, 19, 24, 25, 35, 36, 37, 38, 39, 44, 45, 46, 48, 49, 56, 65, 67, 68, 69, 75, 77, 78, 79, 89, 90, 96, 97, 98.
Pomander:	tiefmagenta, violett
Quintessenz:	St. Germain, Pallas Athene

Übungen

Das 7. Chakra aktivieren
Beginne das Schutzritual mit dem tiefmagentafarbenen Pomander. Wähle eine der folgenden Flaschen: 15, 16, 18, 19, 24, 35, 36, 48, 49, 78.

Halte die gewählte Flasche mit beiden Händen auf den Kopf; drehe ihn nach links, nach rechts, nach vorne und nach hinten. Halte nach jeder Sequenz eine Minute lang an, dann nimm sie wieder auf. Fahre so zehn Minuten lang fort. Schließe danach deine Augen und atme tief durch.

Schließe mit der Quintessenz „Pallas Athene".

Tropfen göttlicher Liebe

Führe das Schutzritual mit dem violetten Pomander durch. Wähle eine der folgenden Flaschen: 0, 48, 56, 67, 68, 69, 77, 78.

Setze dich an einen ruhigen Platz. Verreibe einige Tropfen der gewählten Flasche auf deinem Kopf. Schließe deine Augen und visualisiere magentafarbene Tropfen, die nacheinander vom Himmel auf dein 7. Chakra an der Scheitelspitze fallen. Diese Tropfen öffnen und nähren das 7. Chakra mit der Energie der göttlichen Liebe. Atme während dieser Übung von etwa zehn Minuten normal und schließe sie mit der Quintessenz „St. Germain".

Der Brunnen des 7. Chakras

Dies ist eine Partnerübung. Sucht euch einen ruhigen Platz und beginnt mit dem Schutzritual des tiefmagentafarbenen Pomanders. Setzt euch dann einander gegenüber und haltet euch an den Händen, so dass eure Arme einen Kreis bilden. Schließt eure Augen und atmet normal. Wenn ihr euch bereit fühlt, visualisiert (jeder für sich) einen magentafarbenen, sprudelnden Brunnen, der im Zentrum eures Kreises entsteht. Das Licht dieses Brunnen teilt sich in zwei Strahlen, die jeden von euch erreichen und in das 7. Chakra eintreten. Dieses Licht verbreitet sich in eurem gesamten Körper und kehrt dann durch den Punkt, an dem die Erde euch trägt, wieder zu seiner Quelle zurück. Bleibt mindestens zehn Minuten lang in diesem magentafarbenen Lichtstrahl.

Schließt dann die Übung mit der Quintessenz Pallas Athene.

Mentale Neuprogammierung

Um das 7. Chakra zu heilen, ist es sehr wichtig, die alten Gedankenformen durch neue zu ersetzen. Dazu bedarf es einer gewissen Disziplin. Ohne Disziplin werden die alten Gedanken, die seit Jahren in dir verwurzelt sind, immer wieder die Oberhand gewinnen. Es wird dir daher helfen, deinem Geist neue Gedanken, wie die im Folgenden beschriebenen, einzugeben. Wir sprechen hier von Neuprogrammierung und nicht von Affirmationen. Neuprogrammierung bedeutet ständige Disziplin. „Denke" daher einen oder mehrere der folgenden Sätze so oft wie möglich in deinem Tagesverlauf. Gleiche jeden Satz, der dem neuen Gedanken, den du gerade 'ins Programm aufnimmst', entgegengesetzt ist, aus, indem du den neuen Gedanken einmal mehr denkst.

„Es fällt mir leicht, die materielle Ebene mit der spirituellen ins Gleichgewicht zu bringen."

„Meine Achtsamkeit wächst jeden Tag mehr."

„Expansion liegt in meiner Natur."

„Ich lebe freudig und entspannt im Hier und Jetzt."

„Meine Gegenwart wird immer mehr von Bewusstheit erleuchtet."

Meditationen

Das violette Licht
Beginne mit dem Schutzritual des violetten Pomanders. Suche dir einen ruhigen Platz, an dem du dich ausstrecken kannst. Du kannst diese Meditation auch gut vor dem Einschlafen machen. Wenn du dabei einschläfst, wirst du merken, dass dein Schlaf viel tiefer ist und auch deine Träume anders sind. Wähle eine der folgenden Flaschen: 0, 15, 16, 44, 56, 67, 68. Verreibe einige Tropfen der gewählten Flasche auf dein 7. Chakra. Wenn du dich bereit fühlst, beginne, ein violettes Licht zu visualisieren, das mit dem Einatmen durch dein 7. Chakra in den Körper eintritt und sich während des Einatmens im ganzen Körper verbreitet, wobei es dich mit einem wunderschönen violetten Licht erfüllt. Lasse beim Ausatmen das Licht durch deine Füße sich von deinem Körper entfernen, wobei du in völliger Dunkelheit zurückbleibst. Nach diesem Moment des Ur-Dunkels atmest du wieder das violette Licht ein. Wiederhole diese Sequenz etwa fünfzehn Minuten lang oder bis du einschläfst. Falls du nicht eingeschlafen bist, schließe mit der Quintessenz „St. Germain".

Beobachten

Beginne mit dem Schutzritual des violetten Pomanders. Suche dir einen ruhigen Platz, an dem du dich bequem hinsetzen kannst. Wähle eine der folgenden Flaschen: 0, 56, 78.

Diese Meditation ist extrem einfach, aber sehr wirkungsvoll, wenn sie richtig ausgeführt wird. Stelle eine der drei Flaschen vor dich hin. Schließe die Augen und beobachte deinen Atem. Folge dem Atem, wenn er in deinen Körper eintritt, und beobachte, wo er hingeht. Lasse das Einatmen ins Ausatmen übergehen, ohne irgendetwas zu verändern, sondern einfach, indem du beobachtest. Während du deinen Atem beobachtest, prüfe auch deine Gedanken. (Vielleicht stellst du auch fest, dass sie abwesend sind). Fahre damit zwanzig Minuten lang fort. Wenn du dich dabei ertappst, dass du denkst, statt deine Gedanken zu beobachten, visualisiere die gewählte Flasche und widme dich dann wieder der Beobachtung deines Atems.

Schließe mit der Quintessenz „St. Germain".

9. AURA-SOMA
UND DIE NEUE VISION

Beziehungen

Beziehungen sind der wichtigste Teil unserer Lebensqualität. Häuser, Geld, Autos oder Kleider haben sehr wenig Wert, wenn wir sie mit niemandem teilen können. Im Gegenteil, je reicher unsere Möglichkeiten des Teilens mit jeder Art von Personen ist, desto besser wird auch unsere Lebensqualität und umso zufriedenstellender und lohnenswerter wird unser Leben. Leider sind in unserer Kultur keine „Gebrauchsanweisungen" für Beziehungen vorgesehen.

Wenn wir ein Kind bis zum Alter von fünf Jahren beobachten, so sind seine Fähigkeiten des Austauschs und der Anknüpfung von Beziehungen wirklich beeindruckend. Eine Person ist für ein Kind nichts anderes als eine wunderbare Möglichkeit der Unterhaltung und des Spiels. Es bedeutet ihm wenig, ob die Haut dieses Menschen weiß, schwarz oder gelb ist, mit oder ohne Falten, ob die Person zu Fuß geht, mit dem Fahrrad oder im Rolls Royce fährt. Wenn ein Kind heranwächst, wächst auch das Potential seines Nervensystems. Es beginnt also, immer mehr Informationen aufzunehmen, wird sich der Reaktionen der Leute bewusst, der Spielraum seiner Erfahrungen wird größer. Eigentlich sollte daher unser Potential der Geselligkeit im Erwachsenenalter größer sein als das unserer Kindheit. Dem ist aber leider nicht so. Um in dieser immer komplexeren Welt vorwärts zu kommen, bleibt unserem Kind nichts anderes übrig, als die Stimulierung seines Gehirns zu verringern, denn sie ist zu intensiv, als dass sie verdaut und integriert werden könnte. Mit anderen Worten; es bleibt uns nichts anderes übrig, als uns zu verschließen. An diesem Punkt unseres Wachstums hätte jeder von uns Erklärungen, Anregungen und Ermutigungen gebraucht, um seine Spontaneität zu bewahren - genau das aber haben wir nie bekommen. Auch deshalb sind unsere Beziehungen entweder oberflächlich oder nicht harmonisch. Wenn wir uns die Frage stellen, wie hoch der Grad der Befriedigung in unseren Beziehungen ist und bei der Antwort wirklich ehrlich sind, werden wir bei einer Skala von 0 bis 100 kaum über 40 kommen. Unzählige Menschen auf diesem Planeten suchen Freunde, eine Frau, einen Mann, eine neue Frau, einen neuen Mann, Kinder, Arbeitgeber, Kunden usw., ohne wirklich die Beziehungen aufbauen zu können, derer es bedarf, um auf natürliche Weise den Anregungen des 2. Chakras folgen zu können. Wir können jetzt nicht mehr umkehren. Das, was wir als Kinder nicht bekommen haben, können wir nicht mehr nachholen. Inzwischen sind wir selbst verantwortlich für unser Bewusstsein, für den Aufbau und die Erhaltung von befriedigenden Beziehungen. Mit Aura-Soma haben wir zum Glück ein Instrument an der Hand, das uns dabei helfen kann, dieses Ziel zu verwirklichen. In diesem Kapitel werden wir über die Methoden sprechen, Aura-Soma in Verbindung mit bestimmten Techniken zu benutzen. Diese Erfahrungen sind das Ergebnis unserer professionellen Arbeit, die wir mit sehr vielen Menschen vieler verschiedener Nationen durchgeführt haben.

Beziehungen schaffen

Auch für Aura-Soma ist es sehr wichtig, eine klare Vorstellung von dem zu haben, was man will, und ebenso klare Bitten an das Universum zu richten.

Zum Beispiel: Wenn du gern einen Menschen treffen möchtest, dem du dich nahe fühlst, einen Gefährten oder eine Gefährtin, beginne deine Bewusstheit täglich auf folgende Weise zu zentrieren. Widme dieser Übung zehn Minuten deines Tages. Du benötigst dazu ein Blatt, einen Stift und die Equilibrium-Flasche Nr. 24 oder 49. Verreibe einige Tropfen aus der Flasche auf deinem Herzen oder deiner Stirn. Schreibe dann die Eigenschaften auf, die der Mensch haben sollte, den du zu treffen wünschst. Sei großzügig mit dir selbst, habe keine Angst, du könntest übertreiben. Wiederhole dieses Ritual eine Woche lang jeden Tag, möglichst zur gleichen Zeit. Schaue dir das Blatt des Vortages an, streiche aus, füge hinzu oder lasse es unverändert; dann schreibe alles jeden Tag auf ein neues Blatt. Wenn du nach einer Woche die endgültige Version deiner Bitte hast, lege sie unter die Flasche Nr. 24 oder 49 und bewahre sie an einem vor indiskreten Blicken geschützten Ort auf, wo du sie jeden Tag sehen kannst. Wenn du einen Mitarbeiter für deine berufliche Tätigkeit suchst, kannst du die gleiche Methode anwenden, jedoch mit den Flaschen Nr. 19 oder 65.

Beziehungen heilen

Nur wenige unserer Beziehungen sind so, wie wir sie gerne hätten; die meisten von ihnen könnten daher verbessert werden. Um eine Beziehung zu heilen, ist es wichtig, sie sich als bereits geheilt vorzustellen. Das anschließende Ritual besteht darin, eine der am Ende des Abschnitts aufgeführten Flaschen auszuwählen, die der Art der jeweils zu verbessernden Beziehung entsprechen, und dieser Heilung jeden Tag fünf Minuten zu widmen. In diesen fünf Minuten sollte man sich an einen ruhigen Platz setzen, die Flasche in der Hand halten und sich die Beziehung so vorstellen, wie man sie gerne haben will.

Schule: Nr. 14, Nr. 83
Arbeit: Nr. 30, Nr. 40
Eltern-Kinder: Nr. 2, Nr. 15, Nr. 20
Paarbeziehung: Nr. 80, Nr. 81, Nr. 84
Freunde: Nr. 63, Nr. 91, Nr. 92

Beziehungen abschließen

Es scheint einfach zu sein, eine Beziehung abzuschließen. In Wirklichkeit ist es schwieriger, sie zu beenden, als sie zu schaffen. „Schließen"
wird in der neuen Vision zum „Abschließen". Das bedeutet implizit Vollständigkeit, Annahme und eine gewisse Harmonie, das Fehlen von Reue
und bitteren Erinnerungen. Wenn wir unsere Beziehungen von diesem
Standpunkt aus betrachten, so könnten darunter auch einige sein, die
seit zwanzig Jahren beendet zu sein scheinen, auch wenn sie es in Wirklichkeit noch nicht sind, sondern noch abgeschlossen werden müssen. Wenn
wir einen Zyklus beenden oder definitiv abschließen, lassen wir zu, dass
etwas Neues entsteht, oder schaffen Platz für andere Dinge. Daraus folgt
die Notwendigkeit, die Beziehungen abzuschließen, die uns nicht mehr
für unsere jetzige Bewusstseinsebene oder für unsere aktuelle Vision der
Welt geeignet erscheinen. Dazu müssen wir jedoch wissen, dass der
Abschluss einer Beziehung nicht vom anderen abhängt. Der Abschluss
einer Beziehung ist etwas, das in unserem Innersten stattfindet und daher eher eine innere als eine äußere Erscheinung ist. Wir können z.B. die
Beziehung zu einem Menschen abschließen, den wir jeden Tag sehen,
oder auch eine unabgeschlossene Beziehung zu jemand haben, den wir
seit zwanzig Jahren nicht getroffen haben. Eine Beziehung abzuschließen
heißt, wirklich unser Verhalten gegenüber dieser Person zu ändern, das
oft von den Erwartungen oder Projektionen dieser Person gegenüber geprägt ist.

Um dir dabei zu helfen, jedwede Art von Beziehung abzuschließen,
raten wir dir zu folgendem Ritual: Nimm dir acht oder zehn Tage lang
einige Minuten pro Tag Zeit, um die Quintessenz Serapis Bey oder den
weißen Pomander mit der spezifischen Absicht anzuwenden, diese Beziehung abzuschließen. Nachdem du das Ritual für dich ausgeführt hast,
schicke durch die Essenz Lichtenergie und die Botschaft des Abschlusses
an die Person oder die Situation, mit der du abschließen willst (eine Lie-
besbeziehung, die zu Ende ist; eine Arbeit, die dich nicht mehr befriedigt
oder eine frustrierende Familienbeziehung). Benutze danach die Flasche

Nr. 54, verreibe ihr Öl auf dem ganzen Körper, womit du vom physischen bis zu den subtilen Körpern jeden energetischen Rest auflöst, dessen du dir vielleicht gar nicht bewusst bist.

Nicht persönliche Beziehungen

Viele unserer Beziehungen haben mit Institutionen zu tun. Es stimmt, dass auch die Institutionen immer aus Menschen bestehen. Wenn wir jedoch mit Personen zu tun haben, die Teil einer Institution sind, stehen wir einer besonderen „Gestalt" gegenüber, die dazu neigt, uns zu hemmen und unser Energiefeld zu schwächen. Diese Beziehungen betreffen viele Aspekte unseres täglichen Lebens (Gerichte, Banken, Universitäten, Schulen, Post, Krankenhäuser, Polizei, Gemeinde usw.). Daher ist es sehr sinnvoll, dass wir uns schützen und stärken, wenn wir es mit dieser Art von Situationen zu tun haben. Hier erzielt man die beste Wirkung, wenn man den smaragdgrünen oder den olivgrünen Pomander benutzt. Wenn wir direkt von einer solchen Situation betroffen sind, können wir die Equilibrium-Flasche Nr. 9, 10 oder 91 zur weiteren Unterstützung anwenden.

Angst

Die Angst ist ein extrem mysteriöser und komplexer Gemütszustand. Sie besteht sicher aus Faktoren wie Hormone, Stress, zur Verfügung stehender Raum, Konditionierungen durch Erziehung, Erfahrungen der Vergangenheit, Umwelt und Zeit. Auch wenn manche Leute behaupten, die Angst sei ein mentaler Zustand, daher existiere sie in Wirklichkeit nicht, gehen wir davon aus, ohne ausschließen zu wollen, dass sie ein mentaler Zustand sei, dass sie mit den Resten von traumatischen Erinnerungen zu tun hat, die tief im Unterbewusstsein begraben sind. Angst ist also etwas, das in den Muskeln und Organen des Körpers gefangen bleibt und auch auf einer greifbaren Ebene existiert. Es lohnt sich, kurz über den wahren Charakter der Angst zu reflektieren. Beginnen wir damit, die physiologische Angst (im Sinne von physio-logisch, d.h. logisch in Beziehung zur Unversehrtheit unseres Körpers) von der pathologischen Angst zu unterscheiden. Die physiologische Angst ist ein gesunder Impuls, der zu einem Verhalten führt, mit dem wir unser Überleben sichern. Ein Kind z.B. hat einfach keine Angst vor vielen Dingen, weil es sich nicht der Risiken bewusst ist, die sie für sein Leben bedeuten können. Diese Abwesenheit der physiologischen Angst wird zu einer großen Gefahr für sein Überleben. Daher muss das Kind von Erwachsenen beschützt werden. Der Erwachsene hingegen hat mehr physiologische Ängste; sie ermöglichen ihm, sich unabhängig zu machen und sich selbst um sein Leben zu kümmern. Darüber hinaus gibt es aber auch pathologische Ängste, die unsere Gedanken- und Handlungsfreiheit abwürgen und großes Leid hervorrufen. Ohne in weitere Details zu gehen, können wir sagen, dass unsere Ängste uns von den Eltern übertragen worden sind. Es stimmt, dass wir auch eine gewisse „intuitive" physiologische Angst haben, die jedoch weniger wichtig ist. Außerdem - um unser „Gepäck" zu vervollständigen - gibt es auch Ängste, die wir aus unserer Umwelt aufnehmen. Wir können an bestimmten Orten eine Empfindung von Angst haben, die wir anderswo nicht hätten.

Tatsächlich sorgen die Ängste dafür, dass es uns nicht gut geht; sie begrenzen das Leben in seinem freien Ausdruck. Wenn diese Begrenzung dazu dient, uns zu schützen, so ist sie sinnvoll und wir können sie akzeptieren; tut sie das nicht, so wird sie pathologisch. Es liegt dann in unserer Verantwortung, diese Ängste zu überwinden und nicht zuzulassen, dass unser Leben oder unser spirituelles Wachstum von Ängsten bestimmt wird.

Die eigenen Ängste erkennen

Um unsere Ängste überwinden zu können, müssen wir zunächst einmal erkennen, dass wir welche haben. Auf die Frage „Haben Sie irgendwelche Ängste?" antworten viele mit einem glücklichen „Nein!" Im Laufe des Gesprächs entdeckt man dann jedoch, dass die betreffende Person vielleicht sagt: „Ich gehe nie ins Wasser", „Ich bin nicht gern im Dunkeln" oder dass Hunde sie „einschüchtern". Gleichzeitig glaubt dieser Mensch jedoch, er habe keine Angst. Offensichtlich kann man daraus schließen, dass er diese Ängste nie überwinden kann. Würde er hingegen seine Ängste anerkennen, wäre die ganze Sache viel leichter. Der erste Schritt, den wir daher tun müssen, ist, unsere Ängste anzuerkennen, ohne dabei irgendein Urteil über uns selbst zu fällen.

Die eigenen Ängste überwinden

Die folgende Übung kann dir deine tiefsten Ängste klar machen und dir dabei helfen, dich davon zu distanzieren. Sie sollte acht bis zehn Tage lang hintereinander für die Dauer von fünfzehn bis dreißig Minuten ausgeführt werden. Beginne das Schutzritual mit dem gelben oder goldfarbenen Pomander. Wähle eine der folgenden Flaschen aus: Nr. 4, 14, 18, 41, 42, 51, 70, 73. Halte die gewählte Flasche in deiner Nähe, und schreibe auf ein Blatt Papier den Satz: „Wovor habe ich Angst?" Schreibe die Antwort auf, die alles Mögliche sein kann, von „nichts" oder „vor Katzen" oder auch „vor Dieben", „vor dem Tod" und so weiter. Sobald du mit einem Satz geantwortet hast, schreibe von neuem die Frage: Wovor habe ich Angst?" und antworte noch einmal darauf. Überwinde den Widerstand gegen diese Frage. Wahrscheinlich hast du bald Lust, „Schluss!" zu sagen. Mache aber trotzdem wenigstens fünfzehn Minuten lang weiter. Schließe die Übung mit der Quintessenz „Kuthumi" oder „Lady Portia", wobei du dich von all den Giftstoffen befreist, die du auszustoßen beginnst.

Ängste mit Aura-Soma auflösen

Wenn wir uns erst einmal - wenigstens teilweise - unserer pathologischen Ängste bewusst geworden sind, können wir einen weiteren Schritt tun, und sie mit Hilfe von Aura-Soma angehen. Nach unserer Erfahrung ist jedes Wesen auf irgendeine Weise immer empfänglich für die Angst. Man sagt, sobald man eine hohe Bewusstseinsstufe erreicht habe, die oft mit dem Begriff „Erleuchtung" bezeichnet wird, gebe es keine Angst mehr. Ja, es scheint sogar, dass dies der einzige Weg zur völligen Überwindung der Angst ist.

In dem Bewusstseinszustand, in dem die Mehrheit von uns sich befindet, ist die Angst nicht völlig auszuschalten. Wir haben jedoch die Möglichkeit, sie zu überwinden. Das heißt, die Angst existiert noch, aber wir lassen uns davon nicht mehr bestimmen. Wie der Ast eines Baumes, der in einem Waschbecken als sperriges Hindernis erscheint, in einem Fluss kaum noch zu sehen ist und im Meer so unbedeutend erscheint, dass er fast ganz verschwindet, so ist es auch interessant zu sehen, dass wir umso weniger von unseren Ängsten bestimmt werden, je entspannter und offener wir sind.

Daher ist die Öffnung des inneren Raumes eine überaus wirksame Methode, die Angst zu überwinden. Durch Aura-Soma haben wir die wertvolle Möglichkeit, nicht nur auf unser Bewusstsein einzuwirken, sondern auch direkt auf die körperlichen Strukturen, in denen unsere Ängste auf der Zellebene abgelagert sind. Der Leser kennt inzwischen die Heilungsprinzipien von Aura-Soma sowie den Einfluss, den es auf den Komplex von Körper-Seele-Geist ausübt. Im Folgenden werden wir daher angeben, welche Flaschen am besten geeignet sind, den Menschen beim Prozess der Überwindung seiner Angst zu unterstützen.

Angst vor der Dunkelheit:
Equilibrium-Flasche Nr. 29, orangefarbener Pomander, Quintessenz St. Germain.

Angst vor Auftritten in der Öffentlichkeit:
Equilibrium-Flasche Nr. 31, türkisfarbener Pomander, Quintessenz Maha Chohan.

Angst vor dem Alleinsein:
Equilibrium-Flasche Nr. 9, pinkfarbener Pomander, Quintessenz El Morya.

Klaustrophobie:
Equilibrium-Flasche Nr. 7, olivgrüner Pomander, Quintessenz Kuthumi.

Angst vor dem Wasser:
Equilibrium-Flasche Nr. 3, saphirblauer Pomander, Quintessenz Maha Chohan.

Angst vor dem Sterben:
Equilibrium-Flasche Nr. 2, 78, blauer Pomander, Quintessenz St. Germain.

Angst vor dem Unbekannten:
Equilibrium-Flasche Nr. 2, violetter Pomander, Quintessenz El Morya.

Angst vor Unfällen:
Equilibrium-Flasche Nr. 89, tiefmagentafarbener Pomander, Quintessenz Lao-Tse.

Angst vor Verfolgung oder Verrat:
Equilibrium-Flasche Nr. 18, gelber Pomander, Quintessenz St. Germain.

Angst vor materiellen Verlusten:
Equilibrium-Flasche Nr. 5, 27, roter Pomander, Quintessenz Christus.

Angst zu versagen:
Equilibrium-Flasche Nr. 75, roter Pomander, Quintessenz Hilarion.

Man kann die Anwendung der Flasche sowie den Gebrauch des Pomanders und der Quintessenz mit dem folgenden Ritual unterstützen: Führe das Anrufungsritual mit der Quintessenz durch. Suche dir einen ruhigen Platz, setze dich hin und schließe deine Augen. Stelle dir jetzt deine Angst personifiziert vor, als konkrete Person (sehr interessant!). Schaue dir diese Person gut an. Du siehst sie von oben, während sie ein Schiff besteigt. Schaue gut zu und werde dir bewusst, dass deine Angst dich gerade verlässt. Die Personifizierung deiner Angst hat das Schiff bestiegen, das jetzt aus dem Hafen ausläuft. Mit diesem Schiff verlässt dich deine Angst für immer. Blicke dem Schiff hinterher, das sich immer weiter entfernt, bis es schließlich am Horizont verschwindet. Danke dem Universum und öffne deine Augen. Das ganze Ritual sollte etwa zehn Minuten dauern. Wiederhole dieses Ritual einige Monate lang wenigstens einmal pro Woche.

Sexualität

Die Sexualität ist eine Energie von grundlegender Bedeutung auf diesem Planeten. Wenn diese Energie frei und ohne Probleme fließen kann, sorgt sie immer für eine gesunde Dynamik, für Unternehmungsgeist und Lebensfreude. Aber leider wurde diese Energie aufgrund schwerer, jahrtausendealter Behinderungen oftmals unterdrückt, blockiert und verdammt. Der sexuelle Impuls ist der wichtigste Mechanismus in der Natur. Im sexuellen Impuls löst sich der Dualismus, der mit der Grundlage alles Bestehenden verbunden ist, einen Moment lang auf, um neues Leben zu schaffen. Ohne den sexuellen Impuls gäbe es auf diesem Planeten nichts anderes als Wasser und Felsen. Er ist das Feuer des Prometheus, das Feuer des Lebens, ohne das nur der Tod fortbestehen würde.

Wenn wir uns im Tierreich umschauen, können wir feststellen, dass praktisch das gesamte Leben der Tiere sich um diese beiden Faktoren dreht: Das Essen - für das individuelle Überleben, und den Geschlechtsakt - für das Überleben der Art. Wenn wir das Reich des Menschen betrachten, sehen wir, dass die Dinge nicht so sehr anders sind, auch wenn unsere Rituale komplizierter sind. Die Sexualität hält uns im Körper, in der Materie. Aus diesem Grunde wurde sie von vielen Religionen verdammt und als Hindernis für die spirituelle Weiterentwicklung des Menschen angesehen. Heute sind wir uns denn auch bewusst, dass die Sexualität uns an die Materie gebunden hält, wir wissen aber auch, dass wir nicht einen Millimeter auf unserem spirituellen Weg weiterkommen, indem wir sie unterdrücken. Es gab in der Vergangenheit Religionen, die eher mystisch als sozial ausgerichtet waren, wie z.B. das Tantra, denen es gelungen ist, das enorme spirituelle Potential zu entdecken und zu befreien, das im Zentrum der sexuellen Energie enthalten ist.

Andere Kulturen, wie die chinesische, haben es erreicht, die sexuelle Energie so zu nutzen, dass sie zu einer guten Gesundheit und einem langen Leben führte. Heute sind wir in der glücklichen Situation, Zugang zu allen notwendigen Informationen zu haben, um unsere sexuelle Dimension in gesunder Weise auszuleben.

Versuchen wir also zu entdecken, was Aura-Soma in dieser Hinsicht zu bieten hat.

Der individuelle Aspekt

Häufig wird die Sexualität nur im Zusammenhang mit der Paarbeziehung und einer spezifischen Handlung gesehen. In Wirklichkeit ist die Sexualität eine jedem von uns angeborene Energie, die daher von niemandem abhängig ist. Man braucht nur einem Baby von zwei oder drei Monaten zuzusehen, um sich davon zu überzeugen. Wir wollen gleich zu Beginn zwei heute sehr verbreitete Missverständnisse klären. Man nimmt allgemein an, die sexuelle Energie sei die Energie des Geschlechtsakts. In Wirklichkeit ist der Geschlechtsakt nichts anderes als eine Art und Weise, diese sexuelle Energie zu entladen. Man vergisst oder ignoriert im Allgemeinen die Tatsache, dass der Mensch ein Wesen voller sexueller Energie ist. Häufig jedoch befindet sich dieser Mensch in der Lage, keine Paarbeziehung zu haben. Dann wird sowohl auf kollektiver als auch auf individueller Ebene angenommen, dass ein Mensch, der keine Paarbeziehung hat, ein a-sexuelles Wesen sei. Das ist natürlich nicht so; aber diese Ansicht ist auf gesellschaftlicher Ebene so verwurzelt, dass es schwierig ist, sich nicht des Ausdrucks der sexuellen Energie beraubt zu fühlen, wenn man nicht in einer Paarbeziehung lebt.

In Wirklichkeit können wir unsere sexuelle Energie auch bestens allein ausleben. Es handelt sich um Energie, nichts anderes als Energie. Es kommt darauf an, von woher wir sie kanalisieren. Da die sexuelle Energie die Energie des Feuers ist und das Feuer die Lebensessenz darstellt, sollten wir unsere sexuelle Energie gut kennen, um sie nicht nutzlos zu verschwenden. Wir halten es für vernünftig, zunächst einmal mit einer kleinen Flamme zu experimentieren, bevor wir das Dynamit explodieren lassen. Mit einem sexuellen Partner zusammen zu sein, entspricht dem Dynamit; aber auch, wenn man allein ist, kann man das eigene sexuelle Feuer kennen lernen und erfahren, indem man es vielleicht durch Tanz, künstlerisches Schaffen, eine schöne Meditation oder eine Bergbesteigung zum Ausdruck bringt.

Die folgende Meditation wird dir helfen, dein sexuelles Feuer zum Ausdruck zu bringen, wann immer du es wünschst.

Das Feuer des 1. Chakras

Beginne das Schutzritual mit dem roten oder pinkfarbenen Pomander. Suche dir einen schönen, bequemen und ruhigen Platz. Begleite diese Meditation mit einer sanften, entspannenden Musik. Wähle eine der folgenden Flaschen: Nr. 6, 80, 84, 89. Verreibe von der Emulsion aus der Flasche einige Tropfen auf den Bereich des 1. Chakras, einschließlich der Beine. Lege dich auf den Rücken, ziehe deine Knie an, so dass die Füße auf dem Boden stehen. Schließe deine Augen und beginne, tief in den Beckenbereich zu atmen. Nach etwa zehn Atemzügen beginne dir vorzustellen, dass dein Atem durch das erste Chakra in den Körper eindringt. Vom 1. Chakra steigt er auf, um beim Ausatmen deinen Körper durch das 7. Chakra zu verlassen. Dadurch regst du deine sexuelle Energie stark an, so dass sie zu zirkulieren beginnt. Wenn du die Energie kreisen fühlst, kannst du dir vorstellen, dass sie an deiner Wirbelsäule entlang aufsteigt und so den Kundalini-Kanal öffnet. Atme auf diese Weise mindestens fünfzehn Minuten lang und überlasse dich dabei den spontanen Bewegungen deines Körpers. Bleibe danach noch zehn Minuten lang in deinem inneren Raum, wobei du mit geschlossenen Augen die Energie fühlst, dein ganzes Sein ausdehnst. Schließe diese Meditation mit der Quintessenz Christus ab, die besonders dazu geeignet ist, die weibliche und die männliche Seite in uns auszugleichen.

Die Paarbeziehung

Die Paarbeziehung ist eine der schönsten Beziehungen, die der Mensch verwirklichen kann. Sie ist unabdinglich für das Überleben unserer Spezies und sicher die wichtigste Art der Beziehung. Natürlich findet sie in einem sehr empfindlichen Umfeld statt, auf das wir in unserer Erziehung nicht genügend vorbereitet worden sind. Daher sind wir in unseren Paarbeziehungen gezwungen, auf das Wenige zurückzugreifen, das von unserem Instinkt noch übrig ist, und auf das, was wir als Vorbild gesehen haben, in der Regel das Leben in der Paarbeziehung unserer Eltern. Um jedoch eine gute Paarbeziehung aufzubauen, ist eine gewisse Vorbereitung notwendig. Es wäre wünschenswert, eine Paarbeziehung auf der Grundlage des Austauschs und nicht der Notwendigkeiten aufzubauen. Außer dem sexuellen Instinkt sind es oft Frustrationen und persönliche Unzufriedenheit, die uns in eine Paarbeziehung treiben. Es wäre jedoch viel besser, wir würden eine Beziehung beginnen, indem wir von einem Reichtum ausgehen, den wir teilen möchten, den wir gern mit dem anderen teilen. In der Paarbeziehung finden wir den idealen Raum, um unsere Sexualität zu leben und zu erfahren. Und nicht nur das. Bei einer sexuellen Begegnung mit einem anderen Menschen können wir eine Dimension erreichen, die uns verwehrt bleibt, solange wir allein sind. Natürlich wird die Sexualität auch von all den anderen Dimensionen der Paarbeziehung bestimmt, vor allem von den Emotionen.

Dieses Thema allein würde ausreichen, ein weiteres Buch zu füllen; aber wir wollen an dieser Stelle nur einige einfache Übungen mit Aura-Soma vorstellen, die dazu verhelfen können, eine so grundsätzlich wichtige Beziehung in vollständigerer Weise zu leben.

Die sexuelle Liebe atmen

Nehmt euch mindestens anderthalb Stunden Zeit für diese Meditation. Beginnt mit einer gemeinsamen Dusche, wobei jeder den anderen sanft und freundlich wäscht; dazu könnt ihr das rote oder pinkfarbene Duschgel von Aura-Soma benutzen.

Nach dem Abtrocknen (es wäre schön, dafür ein rotes oder pinkfarbenes Handtuch zu nehmen, das ihr nur für diese Gelegenheiten benutzt), nehmt ihr die Equilibrium-Flasche Nr. 6, 80, 84 oder 89. Tropft euch ein wenig davon auf die Handfläche und reibt damit euer erstes Chakra gegenseitig oder jeder für sich ein. Wenn ihr möchtet, könnt ihr euch dann wieder anziehen - mit bequemen Kleidern oder auch Tuniken in den Farben rot, pink oder weiß. Dann macht ihr das Schutzritual mit dem pinkfarbenen oder roten Pomander. In einem gut gesäuberten Raum, den ihr auf energetischer Ebene mit einem Räucherstäbchen oder einem spezifischen Air Conditioner schützen und reinigen könnt, setzt ihr euch auf einem Teppich auf der Erde oder auf einem Bett einander gegenüber. Nun streckt die Frau ihre Hände dem Mann entgegen und hält sie mit den Handflächen nach oben, während der Mann seine Hände mit den Handflächen nach unten nahe bei den Händen der Frau hält, ohne sie jedoch körperlich zu berühren. Die Hände der beiden berühren nur die feinstofflichen Körper, vom elektromagnetischen Feld bis zum ätherischen Körper, zum astralen Körper und so weiter. Sie wechseln einander ab und verweilen an den Stellen, wo ihr am meisten „fühlt". Während dieser Erforschung mit den Händen schaut einander sanft in die Augen. Nach kurzer Zeit beginnt ihr, euch auf euren Atem zu konzentrieren - wenn der eine ausatmet, atmet der andere ein und umgekehrt. Macht mit diesem Teil der Meditation etwa zwanzig bis dreißig Minuten lang weiter. Während der gesamten Meditation sollte nicht gesprochen werden, außer einigen Worten, wenn es wirklich notwendig ist. Legt eine sanfte, meditative Musik auf, entspannt euch und beobachtet vor allem, was ihr im emotionalen und sexuellen Bereich empfindet. Wenn ihr es möchtet, könnt ihr nach dem Abschluss der Meditation mit der Quintessenz „Christus" eure Erfahrungen miteinander austauschen. Es ist besser, als Abschluss nicht eine sexuelle Vereinigung zu erwarten, zu der es jedoch kommen kann, wenn dies spontan und auf ein starkes Bedürfnis hin geschieht.

Tantra

Wenn wir die Paarbeziehung wie eine Pflanze sehen, die stark in der Erde verwurzelt ist, können wir das Tantra als die Blüte dieser Pflanze betrachten. Traditionsgemäß benutzt das Tantra die sexuelle Beziehung als Tor zu den höchsten Gipfeln der Spiritualität. Aber das Tantra beschränkt sich nicht auf den sexuellen Aspekt, sondern ist auch eine Art, alles, was uns umgibt, jeden Tag mit neuen Augen zu sehen, und alles, was wir tun, als heilig zu betrachten. Die Eingangstore zum Tantra sind der Genuss und die Schönheit. Genuss nicht als ein sich Hingeben an die niedrigsten Instinkte, sondern als ein Feiern aller Reichtümer, die die Natur uns zur Verfügung stellt, nicht zuletzt durch den physischen Körper. Es ist leicht, die Welt des Tantra zu betreten; man braucht nur einige Vorurteile und die Scham zu überwinden, die uns von der Gesellschaft vermittelt wurden, sich der Schönheit und dem Vergnügen zu öffnen und die Hilfe zu benutzen, die Aura-Soma uns dabei zur Verfügung stellen kann. Im Folgenden findet ihr einige Übungen und Meditationen, die dazu gedacht sind, euch eine Vorstellung und die Möglichkeit eines Beginns zu vermitteln. Danach lasst eure Phantasie arbeiten, für die es im Tantra keine Grenzen gibt, weil wir uns zwischen Vergnügen und Schönheit bewegen.

Tantrische Massage
In einem mit Räucherstäbchen oder dem roten oder pinkfarbenen Air Conditioner energetisch gereinigten Raum, in dem sich auch eine mit einem pinkfarbenen Tuch bedeckte Matte befinden sollte, bereitet man

sich auf die Massage vor. Es ist gut, vorher zu duschen und zu entscheiden, wer als Erster die Massage erhalten soll.

Legt eine sanfte, entspannende Musik auf. Führt dann das Schutzritual mit dem magentafarbenen Pomander aus. Anschließend sollte derjenige, der die Massage erhält, sich auf der Matte ausstrecken, und zwar auf dem Rücken liegend. Zu dieser Massage benötigt ihr eine der folgenden Equilibrium-Flaschen: Nr. 67, 69 oder 77. Gewöhnlich wird dazu geraten, die Farbe Magenta für den ganzen Körper zu benutzen. Die Massage wird leicht und zart sein. Beginnt am oberen Teil des Körpers mit sehr viel Vorsicht, so, als ob ihr ein Kind massieren würdet: Kopf, Gesicht, Schläfen, um die Lippen herum, Hals, Brust, Arme und Rumpf. Haltet ab und zu an, lasst aber dabei eure Handflächen auf dem Körper eures Partners ruhen: Ihr könnt dabei auch leicht schaukeln, besonders wenn ihr in den Bereich der Hüften kommt. Massiert sanft und ausgiebig den Bauch, der ein besonders empfänglicher Teil des Körpers ist. Geht dann zu den Beinen über, ohne die Innenseite der Schenkel zu vergessen, an der sich normalerweise viele Spannungen des sexuellen Bereichs festsetzen. Auch die Knie erfordern viel Pflege - massiert alle ihre Erhöhungen und Vertiefungen. Haltet dann ein und gebt ihnen Energie mit den Handflächen. Macht mit den Beinen weiter und schließt diesen ersten Teil der Massage mit den Füßen. Fordert jetzt euren Partner leise auf, sich umzudrehen. Ihr könnt euch dazu entschließen, die Rückseite des Körpers von den Füßen aus zu massieren, dann die Beine hinauf bis zu den Gesäßbacken; ihr könnt dann beim Steißbein innehalten, einem Bereich, der angenehme Empfindungen auslösen kann. Dann geht ihr zu den Lenden über und steigt langsam über die Wirbelsäule an; massiert sanft, aber mit einer gewissen Intensität die Schulterblätter und Schultern. Haltet auch bei der Rückseite des Körpers ab und zu an und lasst eure Hände auf den verschiedenen Bereichen ruhen. Damit ist die Massage des physischen Körpers beendet. Benutzt von jetzt an nicht mehr die Equilibrium-Flasche, die ihr für die Massage verwendet habt, sondern den tiefmagentafarbenen Pomander, der für die Massage der feinstofflichen Körper geeigneter ist. Gebt einige Tropfen des Pomanders auf eure Hände und beginnt mit der Massage der feinstofflichen Körper.

Lasst euch von euren Händen beim Erspüren des feinstofflichen Körpers leiten, der am meisten eurer Aufmerksamkeit bedarf. Massiert und streichelt, wie es euch am besten erscheint. Haltet ein und schickt Energie aus einer größeren Entfernung. Die Massage der feinstofflichen Körper kann für beide Partner sehr sinnlich erregend sein. Diese Meditation sollte nicht in einer sexuellen Vereinigung enden, gebt daher nicht der Versuchung nach, die leicht auftreten könnte, sondern fahrt mit der Massage fort, indem ihr die aus der Erregung entstehende Energie kanalisiert, um euer Herz dem Leuchten der Liebe zu öffnen. Schließt diese Massage ab, indem ihr in der Aura eures Partners ein wenig der Quintessenz „Pallas Athene" versprüht, die mit der Feier der Schönheit und des Genusses verbunden ist.

Die tantrische Vereinigung

In Anbetracht des intimen Bereiches und der unendlichen damit verbundenen Ausdrucksmöglichkeiten, sollen die folgenden Ausführungen eher Anregungen zu einigen Aspekten als ein genauer Führer sein. Um auf eine tantrische Ebene zu kommen, die der sexuellen Vereinigung eine weitere Dimension hinzufügt, ist vor allem die Absicht wichtig. Es kann spontan zu einer tantrischen Vereinigung kommen, aber das ist nicht immer der Fall. Wenn ihr eurer Vereinigung eine tantrische Note geben wollt, wählt ihr am besten zunächst einmal eine Quintessenz, die euch geeignet erscheint. Damit führt ihr dann eine Anrufung durch, um den Aspekt hervorzurufen oder zu verstärken, in den ihr bei eurer Vereinigung eintreten wollt. Das könnte z.B. Liebe, Stille, Einheit mit dem Universum oder Ähnliches sein. Ihr könnt auch ein Equilibrium-Öl auf dem Körper anwenden, um ein oder mehrere Chakras zu verstärken. Um einen tantrischen Raum zu erreichen, ist es wichtig, vor allem am Anfang die Kontrolle zu behalten und sich nicht vom Verlangen überwältigen zu lassen. Wie wir wissen, kann das sexuelle Feuer sehr stark, sehr hoch und daher auch sehr schnell brennen. Bei der tantrischen Vereinigung hingegen sollte das sexuelle Feuer langsam und lang glühen. Jedes Mal, wenn daher die Erregung plötzlich ansteigt, solltet ihr euch entspannen, in eurem Inneren den zu Beginn angerufenen Aspekt Raum greifen lassen und notfalls auch anhalten. Wenn ihr die Tendenz habt, zu ermüden oder euch zu langweilen, so seid achtsam - höchstwahrscheinlich gewinnen gerade eure Konditionierungen und Erwartungen die Oberhand. Auch in diesem Fall solltet ihr anhalten, in der physischen Vereinigung bleiben, tief durchatmen und abwarten, bis die Energie zurückkehrt.

Auf diese Weise werdet ihr entdecken, dass (wie alles andere) auch die sexuelle Energie in Wellen fließt. Wenn ihr euch diesen Wellen hingebt und gleichzeitig entspannt bleibt, werdet ihr diesen energetischen Raum, der euch erlaubt, eure Essenz durch die Vereinigung mit eurem Partner kennen zu lernen, sehr lange genießen können. Die Erfahrung der tantrischen Vereinigung ist für den Mann sicher anders als für die Frau. Trotzdem wäre es wünschenswert, wenn die Vereinigung nicht in einer Veräußerung der körperlichen Energie endete.

Wohlstand

Der Wohlstand ist ein wesentlicher Bestandteil jedes spirituellen Weges. Wohlstand bedeutet nicht materieller Überfluss, auch wenn er sich auf diese Weise manifestieren kann, sondern eher, das zu haben, dessen wir bedürfen. So gesehen, wird der Wohlstand eher zu einem Bewusstseinszustand als zu einer an materielle Werte gebundenen Bedingung. Wenn man uns fragen würde, ob wir das haben, was wir brauchen, würden wir fast alle sicher mit einem „nein" antworten, weil uns dies und das und auch jenes fehlt und wir dies und das und auch jenes haben möchten. Aber die Vision dessen, was uns fehlt, und dessen, was wir haben möchten, ist nur die verdrehte Wirklichkeit unserer Wünsche.

Ein Bedürfnis ist eine andere Sache als ein Wunsch. Um es mit einem Beispiel auszudrücken: Ich wünsche mir ein Privatflugzeug und besitze es nicht. Das bedeutet, dass ich es zumindestens im Moment auch nicht benötige. Wenn ich mich nicht in der Bedingung des Wohlstands befinde, werde ich sicher unter dem Fehlen dieses Privatflugzeugs leiden. Wenn ich hingegen in der Dimension des Wohlstands bin, wird die Abwesenheit des Privatflugzeugs mir sicher nichts ausmachen. Ich weiß, dass ich im Moment keines benötige, und ich weiß auch, dass ich dieses Privatflugzeug bekommen werde, wenn ich es jemals in der Zukunft verwenden möchte. Diese Ansicht geht natürlich gegen alles, was wir je gelernt haben, denn unsere Kultur basiert vor allem auf der Betonung des Wunschdenkens als Antriebskraft der Wirtschaft.

Wir sollten uns hier an eine kleine Anekdote erinnern. Der erleuchtete Diogenes wohnte in einem Fass. Als Alexander der Große ihn kennen lernte, schlug er ihm vor, ihn mitzunehmen, und versprach ihm Reichtümer und Komfort. Diogenes schlug die Einladung aus, wies auf die geschäftigen Leute, die die Stadt betraten und verließen, und sagte: „Schau mal, Alexander, siehst du, wie all diese Leute rennen, um Dinge zu bekommen? Ich bin ja so froh, dass ich all dieser Dinge nicht bedarf." Das ist die Vision des Wohlstands.

Wenn wir uns mit materiellen oder spirituellen Fragen beschäftigen, haben wir es leider oft mit einem großen Missverständnis zu tun, das wir klären sollten: Wirklich wichtig ist der Zusammenhang zwischen Geist und Materie. Wenn ich erkenne, dass mein materieller Reichtum ein Hindernis für mein spirituelles Wachstum darstellt, sollte ich ihn natürlich aufgeben. Wenn hingegen meine materielle Armut zum Hindernis auf dem spirituellen Weg wird, muss ich sicher ein neues Verständnis gegenüber der materiellen Dimension gewinnen, um spirituell wachsen zu können. Danach muss ich die Herausforderungen annehmen, die das Leben mir stellt, und mein Wachstum in der Umwandlung von Armut in Reichtum verstärken, damit die Sorge um materielle Dinge nie mehr die Energie auffrisst, die ich für mein spirituelles Wachstum benötige.

Das Wohlstandsbewusstsein

Ein grundlegender Bestandteil von Aura-Soma als Therapie des neuen Jahrtausends ist das Wohlstandsbewusstsein. Aura-Soma basiert auf der

Ansicht, dass das Leben eine ungeheure Überfülle bietet und wir selbst verantwortlich dafür sind, wenn wir keinen Zugang dazu finden. Es ist daher notwendig, die Ängste zu überwinden, die uns daran hindern, mit diesem Grundprinzip des Universums im Einklang zu sein. Genauso wichtig ist es jedoch, die tief verwurzelte Überzeugung zu überwinden, wir verdienten es nicht, glücklich zu sein und den Reichtum des Lebens zu empfangen, auch wenn es sich um materiellen Reichtum handelt.

Materieller Reichtum und Spiritualität

Wir finden in der Geschichte viele Beispiele, die zeigen, wie die spirituelle Entwicklung in einer materiell reichen Umgebung enorm erleichtert wird. Die ersten Klöster der Welt wurden in Tibet gegründet. Sie entstanden auf der Grundlage folgender Überlegung: Dem tibetischen Volk war es gelungen, den großen Wert der spirituellen Dimension zu erkennen, es hatte jedoch auch verstanden, dass die Lebensbedingungen, d.h., die Zeit, die man einsetzen musste, um für sein Überleben zu sorgen, nicht genug Raum für die Erforschung der spirituellen Dimension übrig ließen. Daher gründeten sie die Klöster. Zehn Prozent der Bevölkerung wurde dazu ausgewählt, sich innerhalb dieser Klöster einzig und allein der Suche nach einer spirituellen Welt zu widmen, wobei sie materiell von der restlichen Bevölkerung unterstützt wurden. Das stellte zu jener Zeit einen großen Reichtum dar.

Der indianische Schamane oder Medizinmann musste sich in keiner Weise um seine materiellen Bedürfnisse sorgen: Seine Gemeinschaft kümmerte sich darum. Auch alle spirituellen Meister wurden seit jeher von der Gemeinschaft ihrer Schüler unterstützt. Für die höchste spirituelle Blüte ist also offensichtlich eine materielle Fülle erforderlich.

Heute ist die energetische und materielle Situation grundlegend anders. Die technologische Entwicklung erlaubt es uns, für unser materielles Überleben mit einem Zeitaufwand zu sorgen, der im Verhältnis zur Vergangenheit bedeutend geringer ist. Auch das Anwachsen des Bewusstseins ist in einem bisher unbekannten Maße unter der Bevölkerung zu finden. Wir können uns heute nicht mehr von einer Minderheit abhängig machen, die für unsere Spiritualität sorgt. Jeder Einzelne ist dafür verantwortlich, ein Gleichgewicht zwischen dem Spirituellen und dem Materiellen zu finden. „Equilibrium" oder „Gleichgewicht", der Name der Aura-Soma Flaschen, ist auch in diesem Zusammenhang zu sehen.

Viele Menschen, die sich auf dem spirituellen Weg befinden, haben tatsächlich mehr Schwierigkeiten mit dem materiellen als mit dem spirituellen Teil. Das kommt daher, dass unsere Kultur seit jeher die Armut als spirituellen Wert betont hat, wobei das an sich überhaupt nicht stimmt. Viele Menschen lassen sich noch von dieser alten Ansicht prägen und bleiben daher blockiert in ihrem Versuch, die Spiritualität ohne Weiterentwicklung der materiellen Dimension zu verwirklichen. Heute wird es dank der Bewusstseinsentwicklung (auch unter Berücksichtigung der vergangenen Misserfolge) immer deutlicher, dass wir, um die materielle Ebene zu überwinden, zunächst einmal die Erde erobern müssen. Das ist der Sinn der Bibelworte, wenn sie zur Eroberung der Erde auffordern. Die Weisen haben schon immer darauf hingewiesen, dass man gut geerdet sein muss, um die Erleuchtung zu erreichen. Diese Wahrheit gilt auch für den spirituellen Sucher.

Im Folgenden schlagen wir Übungen und Hilfsmittel des Aura-Soma-Systems vor, die dazu beitragen, diese tief verankerten Konditionierungen zu überwinden und die materielle Dimension zu befreien und zu erweitern, um so unsere spirituelle Reife zu unterstützen.

Materialisieren

Der erste Schritt, um die Dimension des Wohlstandes zu erreichen, besteht darin, uns Klarheit über unsere wirklichen Bedürfnisse zu verschaffen. Manchmal kann ein Bedürfnis mit einem Wunsch übereinstimmen. Zum Beispiel: „Ich möchte mehr Geld zur Verfügung haben, um an den spirituellen Aktivitäten teilnehmen zu können, die mich interessieren."

Zu Beginn ist es besser, wenn man sich auf die Materialisierung (Verwirklichung) einer einzigen Sache konzentriert, z.B. darauf, mehr Geld zu haben. Das, was du im Leben materialisieren willst, solltest du auf einem Blatt klar und deutlich lesbar niederschreiben. Dann kannst du zehn Tage lang die im Folgenden beschriebene Übung einmal am Tag durchführen; danach warte in Demut auf das, was das Universum dir anbietet. Beginne das Schutzritual mit dem goldenen oder gelben Pomander. Wähle eine der folgenden Flaschen: Nr. 4, 14, 41, 42. Setze dich bequem hin, halte die Flasche in der Hand und schließe deine Augen. Beobachte deinen Atem. Wenn du merkst, dass er ruhig wird, richte deine Aufmerksamkeit auf das 2. Chakra und frage dich, ob du dich für würdig hältst, das zu empfangen, um das du bittest. Wenn du feststellst, dass du dich nicht würdig fühlst, das zu erhalten, was du gerade materialisieren willst, beginne leise den folgenden Satz zu wiederholen: „Jetzt verdiene ich es,…. zu bekommen (das, was du materialisieren willst)." Wenn du glaubst, dessen würdig zu sein, was du materialisieren (verwirklichen) willst, stelle dir vor, dass ein goldenes Licht sich von deinem 3. Chakra aus in alle Richtungen auszubreiten beginnt. Dieses goldene Licht ermöglicht es deiner Willenskraft, diesen speziellen Wunsch überall im Universum zu verwirklichen. Bleibe etwa fünf Minuten in diesem Bild, wobei du ruhig atmest. Nach diesen fünf Minuten beginnst du dir vorzustellen, dass diese ganze goldene Energie, die du ins Universum geschickt hast, auf eine Weise zu dir zurückzukehren beginnt, die du noch nicht kennst, und so die Bedingungen schafft, das, was du materialisieren willst, Wirklichkeit werden zu lassen. Öffne dich, um sie zu empfangen, und halte dabei die Flasche auf dein 3. Chakra. Bleibe etwa zehn Minuten in diesem aufnahmebereiten Gemütszustand, wobei du ruhig atmest. Schließe dann die Übung ab, indem du dir das vorstellst, was du materialisieren willst. Benutze zum Schluss die Quintessenz „Lao-Tse", um dem Universum zu danken und dich noch mehr zu öffnen, um die Segnungen des Universums zu empfangen.

Die mit der Materie verbundenen Konditionierungen erkennen

Es handelt sich hierbei um eine sehr einfache, aber auch extrem kraftvolle und interessante Übung. Du benötigst dazu die Flaschen Nr. 40 und Nr. 32, den orangefarbenen Pomander, die Quintessenz „Hilarion", zwei weiße Blätter und einen Stift.

Beginne das Schutzritual mit dem orangefarbenen Pomander. Stelle die Flasche Nr. 40 auf einen Tisch vor dich und setze dich hin. Schließe deine Augen und versetze dich in deine Kindheit zurück. Versuche, mit dem Bild deiner Mutter in Kontakt zu kommen, wobei du so weit wie möglich in der Zeit zurückgehst. Schau sie dir gut an und beginne dann, auf einem der Blätter aufzuschreiben, welches Verhältnis sie zur materiellen Welt hatte. Benutze dein gesamten Bewusstsein der Gegenwart, um möglichst vollständig das zu beschreiben, was du über die Beziehung deiner Mutter zum Materiellen erinnerst. Lasse dich dabei nicht von dem beeinflussen, was du heute weißt. Bleibe in der Rückschau. Wenn du den Eindruck gewonnen hast, jetzt alles beschrieben zu haben, führe noch einmal das Schutzritual mit dem orangefarbenen Pomander durch. Dann setze dich wieder an den Tisch und stelle diesmal die Flasche Nr. 32 vor dich. Führe die gleiche Übung für deinen Vater aus.

Zum Schluss lies dir mehrmals alles wieder durch, was du geschrieben hast, und versuche zu erkennen, wie viele und welche Verhaltensweisen deiner Eltern in Bezug auf die materielle Ebene zu deinen eignen geworden sind. Schließe mit der Quintessenz „Hilarion".

Expansion

Wenn man akzeptiert, dass das Leben aus reiner Fülle besteht, so ist dies bereits ein Akt der Expansion, der sich in der eigenen mentalen Welt entfaltet. Diese geistige Öffnung kann nach und nach in den Alltag integriert werden. Nach einer gewissen Zeit wirst du dann feststellen, dass deine Haltung sich auch in Bezug auf andere Dimensionen des Lebens zu ändern beginnt. Natürlich hängt dein Aktionsradius von den materiellen Mitteln ab, die dir zur Verfügung stehen. Oft dient die Beschränkung unseres Aktionsfeldes, die auf Mangel an materiellen Mitteln zurückzuführen ist, als Verteidigungsmechanismus, der wiederum von den Erfahrungen der Vergangenheit bedingt ist. Wenn du annimmst, die Welt da draußen sei derart gefährlich, dass sie dir schaden kann, wird dein Aktionsradius so sehr eingeschränkt, dass du kaum noch die Dimension des Wohlstandes erreichen kannst. Tatsächlich wird dein Unterbewusstsein dafür sorgen, dass die dir zur Verfügung stehenden materiellen Mittel begrenzt sind. Um diese Schwierigkeiten zu überwinden, empfehlen wir dir die folgende Übung.

In einer angenehmen Welt aufwachsen

Für diese Übung benötigst du den olivgrünen Pomander, die Quintessenz „Lady Nada" und eine der folgenden Flaschen: Nr. 19, 28, 30, 74. Beginne das Schutzritual mit dem olivgrünen Pomander. Lege dich an einem bequemen Platz hin und halte die Flasche auf dein 3. Chakra. Atme ruhig ein und stelle dir vor, die Flasche beginne immer größer zu werden, bis du dich völlig in der Flasche befindest. Beginne jetzt zu visualisieren, wie du von neuem größer wirst, bis die Flasche, die dich enthielt, wieder ihre ursprüngliche Größe annimmt. Fühle jetzt, wo du enorm gewachsen bist, wie die Welt da draußen dich annimmt. Als Bestätigung kannst du einen leichten pinkfarbenen Regen visualisieren, der auf dich niederfällt. Ein pinkfarbener Regen der Liebe. Wenn du mit dieser Liebe ganz durchtränkt bist, beginnst du, wieder kleiner zu werden und erneut deine wirkliche Form anzunehmen, wobei du alle Liebe aufsaugst, die auf dich niedergeregnet ist. Schließe mit der Quintessenz „Lady Nada", die den „Regen der Liebe" symbolisiert.

Kreativität

Die Weisen aller Zeiten haben bestätigt, dass wir unsere Kreativität freisetzen müssen, um ein erfülltes Leben zu führen. Inzwischen ist uns allen klar, wie wichtig das Wohlstandsbewusstsein für unsere spirituelle Verwirklichung ist. Aber um diesen Wohlstand in unserem Leben umzusetzen, benötigen wir die Hilfe der Kreativität. Dies bedeutet viel mehr als nur malen, schreiben oder singen. Das Wort Kreativität ist aus den Worten „Schaffe" „dir" „Leben" zusammengesetzt. Vielleicht können wir es mit „schaff dir dein Leben" übersetzen! Das genau sollten wir nämlich tun. Wir müssen unseren Teil der Verantwortung übernehmen und anerkennen, dass nicht nur Gott diese Welt erschafft, sondern auch wir, zumindest was unser Leben betrifft. Die Kreativität gibt uns die Möglichkeit dazu. Ohne sie sind wir Opfer. Unser Leben besteht aus Reaktionen und nicht aus freien Handlungen. Indem wir unsere Kreativität befreien, erlangen wir die Fähigkeit, uns das Leben zu erschaffen, von dem wir immer geträumt haben. Leider haben all die Jahre der Konditionierung nicht mehr viel Raum für unsere kreativen Fähigkeiten gelassen. Um die Kreativität freizusetzen, könnte uns die folgende Übung von Nutzen sein.

Das versunkene Schatzkästchen

Du brauchst dazu den türkisfarbenen Pomander, die Quintessenz „Maha Chohan" und eine der folgenden Flaschen: Nr. 1, 9, 33, 34, 43, 62, 83, 93. Beginne mit dem Schutzritual des türkisfarbenen Pomanders. Wähle nun die Flasche, die dir am meisten gefällt, und verreibe einige Tropfen davon auf deinem Herzen. Schließe deine Augen und stelle dir den Ozean vor, auf dem du dahintreibst. An einem gewissen Punkt beginnst du dann in den Ozean hinabzutauchen und ein Kästchen zu suchen, das einen Schatz enthält. Sowohl das Kästchen als auch der Schatz gehören dir, aber du hast sie vor so langer Zeit verloren, dass du dich nicht einmal mehr daran erinnern kannst. Aber du weißt, dass jetzt der Moment gekommen ist, sie wieder zu finden. Jetzt ist der richtige Moment. Deshalb tauchst du in den Ozean hinunter, um das Kästchen zu finden. Und schließlich findest du es auch. Das Kästchen ist mit einer Kette verschlossen, aber es gelingt dir, sie zu öffnen. In dem Kästchen findest du den Schatz - deine Kreativität. Kehre mit deinem Schatz langsam an die Oberfläche zurück. Du weißt, dass dein Leben sich jetzt völlig verändert hat. Schließe mit der Quintessenz „Maha Chohan" und danke dem Universum für das erhaltene Geschenk. Wiederhole diese Übung zehn Tage lang.

Der Körper

Der Körper ist unser Tempel, in dem wir unsere Spiritualität entwickeln können. Er ist der Planet, durch den wir unser Sein manifestieren, ein Ausdruck der Existenz selbst. Uns um unseren Körper zu kümmern, ist ein Teil der Verwurzelung, die für unsere spirituelle Entwicklung unerlässlich ist. Wir sollten uns bewusst sein, dass, auch wenn wir ständig die Begrenzungen zu überwinden versuchen, die der Körper uns auferlegt, wir nur durch ihn uns in dieser Existenz bewegen können. Das ist sicher keine neue Vorstellung; denn schon die Römer sagten: „Mens sana in corpore sano." Heute jedoch sind wir in der Lage, dieses Konzept in einem neuen Licht zu sehen. Wir befinden uns am Ende einer langen Geschichte der Verneinung des Körpers, die heutzutage beim anderen Extrem angekommen ist - einem Kult des Körpers, in dem nur ein der Mode entsprechender Körper für angemessen gehalten wird. Es ist unsere Aufgabe als Suchende, diesen grundlegenden Aspekt unserer Existenz wieder ins Lot zu bringen.

Vicky Wall war sich dieses Aspekts immer bewusst. Sie schuf daher verschiedene Produkte, um den Körper in Form zu halten, ihn zu heilen und seine Schönheit zu bewahren. Mike Booth ist es zu verdanken, dass diese Produkte heute in aller Welt erhältlich sind. Wenn sich unser Körper einer guten Gesundheit erfreut, haben wir meist keine großen Probleme mit ihm. Funktioniert er hingegen nicht perfekt, so beginnen wir uns Sorgen zu machen und ihm eine erhöhte Aufmerksamkeit zuzuwenden. In der neuen Vision des Lebens können wir unseren Körper als die physische Manifestation zahlreicher energetischer Erscheinungen sehen. Daher können wir, selbst wenn unser Körper sich nicht gut fühlt, sagen, dass es über ihn hinaus noch andere Dimensionen gibt, die wir in Betracht ziehen können, um ihn wieder ins Gleichgewicht zu bringen. Solltest du jedoch ein Problem mit deinem Körper haben, ist es immer besser, zunächst einmal mit einem Arzt darüber zu sprechen, der dir nützliche Informationen dazu geben und dir Hilfe bieten kann. Darüber hinaus solltest du überprüfen, ob die Störung mit einem Chakra in Verbindung zu bringen ist und in dem Abschnitt über die Heilung der Chakras nachlesen, welche Übungen und Mittel von Aura-Soma dir bei deiner Selbstheilung helfen können.

10. AURA-SOMA
UND DIE UMWELT

Bisher haben wir über Aura-Soma in Verbindung mit dem Menschen gesprochen. Wir wollen nun unsere Überlegungen auf die Umwelt ausweiten; jedoch eher auf der persönlichen als auf der globalen Ebene (Haus, Arbeit usw.).

Wenn wir uns die Geschichte ansehen, können wir feststellen, dass sich der Mensch immer an besonderen Plätzen angesiedelt hat. Die Großstädte unseres Planeten sind oft vor langer Zeit gegründet worden oder auf den Ruinen vorheriger Siedlungen erbaut worden. Es war jedoch kein Zufall, wenn eine Stadt gerade an einem spezifischen Platz und nicht etwa fünf Kilometer entfernt entstanden ist. Der Mensch hat immer Wohnorte gewählt, die ihm günstig oder für seine Aktivitäten geeignet erschienen. Das Gleiche gilt für die Wahl des eigenen Hauses, der Mauern, zwischen denen der Mensch mehr als die Hälfte seiner Lebenszeit verbringt. Als der Mensch noch Land im Überfluss zur Verfügung hatte, wählte er seinen Wohnort nach seinen Bedürfnissen.

Heute hat sich die Situation unseres Wohnortes grundlegend verändert. In der überwiegenden Mehrzahl sind wir nicht mehr in der Lage, uns den Platz auszusuchen, der für uns am geeignetsten oder günstigsten ist. Wir sind gezwungen, unter den Orten zu wählen, die der Markt uns bietet, und müssen uns nach unseren finanziellen Möglichkeiten richten. Daher müssen wir heute mehr denn je unsere Wohnungen an unsere Bedürfnisse anpassen, uns vor negativen Einflüssen schützen und unsere Energie innerhalb des Hauses oder am Arbeitsplatz verstärken.

Die Erforschung der wechselseitigen Beziehung zwischen der Umwelt und dem Menschen ist sicher nicht neu; sie hat im Gegenteil eine lange Geschichte, sowohl im Westen als auch im Osten. Im Westen sprechen wir in diesem Zusammenhang von „Geomantie", im Osten von „Feng Shui". Betrachten wir einmal, womit diese beiden Künste zu tun haben. Danach werden wir untersuchen, auf welche Weise Aura-Soma für unseren Wohnraum wertvolle Verbesserungen auf der praktischen Ebene bewirken kann.

Geomantie

Vom Beginn der Geschichte des Menschen auf diesem Planeten an, hat die Suche nach heiligen Orten den Menschen stets begleitet. Alle Kulturen, auch die primitivste, haben verstanden, dass die Umgebung bestimmte Erfahrungen begünstigen oder behindern kann, vor allem die so genannten „spirituellen" Erfahrungen. Daher hat jede Kultur ihre eigenen, speziellen Plätze für Opferhandlungen, Heilungen oder Einweihungen. Als der Mensch das Zeitalter der Jagd und des Nomadentums verließ und sesshaft wurde, begann er, besondere Gebäude zu erbauen, die der spirituellen Dimension gewidmet waren. Die ersten vom Menschen geschaffenen öffentlichen Gebäude waren die Tempel. Die heiligen Plätze waren zunächst einmal diejenigen, die leicht erkennbar und mit einer bestimmten Energie ausgestattet waren. So entstanden „der heilige Berg", „der heilige See" oder „der heilige Wald". Da er einen festen Platz für seine Wohnstatt finden musste, wählte der Mensch ihn natürlich nach seinen Bedürfnissen, wobei er Faktoren wie Schönheit, Reichtum an Fauna, Möglichkeit des Ackerbaus, Wasserqualität und sehr viele andere berücksichtigte, was ihm auf Grund des fast unbegrenzten Angebots an Territorium nicht schwer fiel. Nachdem der Ort zum Leben gefunden war, wurde die Wahl des Platzes für spirituelle Funktionen jedoch schwieriger. Die Frage war: „Wo bauen wir jetzt unseren Tempel?" Diese Frage war sehr wichtig, wenn wir bedenken, dass zu Beginn der menschlichen Kultur, in einer Epoche, die wir vielleicht als „primitiv" bezeichnen könnten, der Mensch noch mehr in seiner Umgebung eingebunden war und auf intellektueller Ebene nicht alles verstehen konnte, was um ihn herum geschah. Für den primitiven Menschen war die Welt von Geistern und unbekannten Kräften bewohnt, die es zufrieden zu stellen, zu befrieden und zu verehren galt. Daher wurde die Suche nach dem heiligen Ort zu einer Frage des Überlebens. An diesem Punkt mussten der Schamane, der Priester oder der Heiler das zur Verfügung stehende Territorium sondieren (natürlich konnte man keinen Tempel auf einem heiligen Berg erbauen, denn niemand hätte mehr dort hinaufsteigen können), um den geeignetsten Platz für den Bau des Tempels zu wählen. Das war, historisch gesehen, der Beginn der so genannten geomantischen Kunst. Auf diese Weise lernten die Schamanen, die Vegetation zu interpretieren und darauf zu achten, wo häufig Blitze niedergingen, wo Winde wehten oder welche Orte von besonderen Tieren aufgesucht wurden. Dabei gelang es ihnen auch, durch spezifische Vorgänge weitere weniger sichtbare und eher energetische Zeichen zu erkennen und zu verstehen. Das, was heute als Geomantie bezeichnet wird, ist häufig nur die Beobachtung des Territoriums im Hinblick auf die „unsichtbare" Dimension. Das ist jedoch nicht richtig. In der wahren Geomantie ist das „Unsichtbare" nur ein Teil der Dinge, die in Betracht gezogen werden.

In der europäischen Kultur hat die Geomantie ihren Höhepunkt in der Zeit erreicht, in der die großen Kathedralen erbaut wurden. Die architektonische Struktur der Kathedralen bringt die Prinzipien der Geomantie zum Ausdruck, als Resultat eines langen spirituellen Weges des Menschen, von dem das Christentum nur einen Teil darstellt.

In der Zeit des Kathedralenbaus hatte der Mensch sich bereits zahlreiche Erkenntnisse gesammelt. Die Kreuzzüge des Templer-Ordens hatten ihn in den Osten geführt, aus dem er neue Prinzipien der Mathematik und Geometrie zurückbrachte, die direkt auf die Architektur anwendbar waren und Konstruktionen ermöglichten, die bis dahin undenkbar gewesen wären. Daher glaubt man, auch wenn man wenig über die Herkunft der großen Kathedralen-Baumeister weiß, sie seien Templer gewesen oder stammten zumindest von ihnen ab.

Auf spiritueller Ebene war sich der Mensch in dieser Epoche darüber klar geworden, dass, wie der Ackerbau, der von der Höhe und der Tiefe, von Regen und Sonne, vom Himmel und den Nährstoffen aus der Erde abhängig war, auch das spirituelle Leben von diesen zwei Faktoren bestimmt wurde - von der Höhe und der Tiefe, vom Himmel und von der

Erde. So entstand die architektonische Struktur der Kathedrale - eine breite Basis als Symbol der Erde und ein hoher Turm als Symbol des Himmels. Aber in den Kathedralen musste diese Struktur über die Symbolik hinausgehen. Sie sollte eine starke energetische Wirkung auf die Menschen haben, die sie betraten. Natürlich hatte die Struktur an sich bereits eine beeindruckende Wirkung, doch sollte diese noch enorm vergrößert werden, indem die Erdenergie durch den architektonischen Aufbau „eingefangen wurde". Dies konnte aber nur möglich werden, wenn man mit extremer Sorgfalt und professioneller Kenntnis den Ort und seine Ausrichtung in Bezug auf die vier Himmelsrichtungen wählte, an dem die Kathedrale erbaut werden sollte.

Wir müssen uns dazu ins Gedächtnis rufen, dass in jener Zeit die Kultur auf einem sehr hohen Niveau lag, nicht nur, was die Geomantie betraf, sondern auch in anderen Bereichen. Das bezeugen die in den Fenstern der Kathedralen verwendeten Farben, die selbst heute, trotz der modernen Chemie, nicht zu reproduzieren sind. Wer daran zweifelt, sollte die Kathedrale von Notre-Dame in Paris besuchen; der Unterschied zwischen den restaurierten und den ursprünglichen Fenstern ist wirklich beeindruckend. In jener Zeit hatte die Geomantie eine so hohe Entwicklungsstufe erreicht, dass die großen Meister dieser Disziplin inzwischen bereits das Magnetfeld der Erde erforschten und „Kraftlinien" (in England „lay lines") und Punkte einer besonderen Kraft (in England „power points") und ihre Interaktionen in einem Bereich festlegten, der weit über die Grenzen einer Nation hinausging. Auf diese Weise war es ihnen gelungen, einen Teil des „energetischen Gehirns" der Erde zu verstehen. Sie hatten die Kathedralen so ausgerichtet, dass sie ein Energienetz aufbauten, das die Stabilisierung höchster Energien auf der Erde ermöglichte. Kürzlich erstellte Studien über die Lage der Kathedralen im gesamten Europa brachten wirklich unglaubliche Verbindungen von Kraftlinien zum Vorschein. Heute beschäftigt sich die westliche Geomantie vor allem mit den Einflüssen der geologischen Schichtungen und der unterirdischen Wasseradern, deren negative Auswirkungen sie zu neutralisieren versucht. Auch für diesen besonderen Zweck ist Aura-Soma sehr hilfreich.

178

Feng Shui

Feng Shui („fong shue" ausgesprochen) ist die asiatische, genauer gesagt die chinesische Spielart der Geomantie. Auch in China haben die Weisen sehr früh darüber nachzudenken begonnen, wie die Beschaffenheit des Landes das Schicksal der Menschen beeinflusst. Feng Shui ist in China zu einer hohen Kunst entwickelt worden, die auch heute noch sehr geschätzt wird und sich inzwischen auch im Westen verbreitet hat. Aufgrund der politischen und administrativen Struktur des Landes ist die „Macht" in China zum Objekt zahlreicher Studien geworden. Es ist kein Zufall, dass so viele Texte in China sich mit der Macht beschäftigen; mit der Frage, wie man sie erreicht oder auch bewahrt. Daher haben die Spezialisten des Feng Shui die Einflüsse der Erde auf das Schicksal der Regierenden studiert. Sie haben sogar Karten mit Kraftlinien und -punkten gezeichnet, deren Einfluss weit über das Jahr 2000 hinausgeht. Tatsächlich wurde die Lage der Hauptstadt nach diesen Berechnungen festgelegt!

Aber Feng Shui wurde nicht nur auf so hoher Ebene angewandt, sondern auch bei einfacheren, praktischen Dingen. Man stellte z.B. folgende Überlegung an: In einem schönen, fruchtbaren und Glück bringenden Tal befinden sich zehn Bauernhöfe. Die Familien, die sie bewirtschaften, geben ihr Bestes, um sie florieren zu lassen. Bei gleichen Anstrengungen sind jedoch zwei Bauernhöfe erfolgreicher als die anderen. Wie war das möglich? Durch einen wissenschaftlichen Ansatz, das heißt durch die Beobachtung und den Ausschluss anderer Faktoren, wie menschliche Geschicklichkeit und ähnliche, gelangten die chinesischen Geomanten vor Jahrtausenden bereits zu Schlussfolgerungen über die Strukturen des Landes. Sie konnten daher bereits Plätze beschreiben, die für die Aktivitäten der Menschen günstig oder ungünstig waren. Diese Tradition ist bis heute erhalten geblieben. Mit der technologischen Entwicklung fanden die Konzepte des Feng Shui Anwendung in den Städten, Gebäuden und sogar in den Wohnungen und der Einrichtung der einzelnen Zimmer. Wenn man sich eine Vorstellung über die Bedeutung machen will, die heute noch dem Feng Shui zugeschrieben wird, braucht man nur Folgendes in Betracht zu ziehen: Die Architektur des Gebäudes, das einmal zum teuersten der Welt werden sollte - die Zentrale der „Bank of Hongkong" in Hongkong - war nicht nach den Regeln des Feng Shui ausgerichtet. Das zumindest sagten die Feng Shui-Experten in Hongkong, als das Projekt dem Publikum vorgestellt wurde. Als Ergebnis wurde die Architektur des Gebäudes verändert, was weitere Kosten von 150 Millionen Dollar verursachte!

Heute ist Feng Shui in der Lage, Lösungen für alle Arten von Problemen des Standortes und der Einrichtung anzubieten, um die gewünschte Energie im höchstmöglichen Maß zu steigern.

Die Kardinalpunkte und Aura-Soma

Die Kardinalpunkte werden durch das Magnetfeld der Erde bestimmt, sie sind für alle Systeme auf diesem Planeten extrem wichtig. Nicht nur die Vögel und die Fische orientieren sich bei ihren Wanderungen am Magnetfeld der Erde, sondern auch die Pflanzen, das Klima, die Tiere und die Menschen sind sehr empfindlich dafür. Ein praktisches Beispiel ist der Menstruationszyklus der Frau, der von den Veränderungen im Magnetfeld der Erde beeinflusst wird, die der Mond hervorruft. Alle großen Gebäude der Menschheit sind in besonderer Weise in Bezug auf die vier Kardinalpunkte ausgerichtet. Aber auch die gewöhnlichen Bauten der Menschen wurden an besonderen Stellen errichtet; nicht nur wegen der offensichtlichen Notwendigkeiten, die das Klima setzte, sondern auch aus energetischen Gründen. Der moderne Mensch hat sich leider so weit von seinen Wurzeln entfernt, dass wir nur noch selten in der Lage sind, den Einfluss der Erde und der Kardinalpunkte zu erspüren und zu beurteilen. Nur wenige wissen noch, wo die Himmelsrichtungen der vier Kardinalpunkte in ihrer Wohnung oder in ihrem Schlafzimmer liegen. Die amerikanischen Indianer kannten seit jeher die Bedeutung der Kardinalpunkte für den Menschen. In ihren Meditationen, ihrer Visionssuche, ihren Heilungsprozessen und sogar in den Namen der Kinder sind die vier Kardinalpunkte von größter Bedeutung. Die Indianer wussten genau, dass jede Himmelsrichtung eine besondere Energie mit sich trägt und die Meditation und Konzentration auf eine Richtung dem Menschen größten Nutzen bringen kann. Bei Aura-Soma können wir die Equilibrium-Flaschen benutzen, um die vier Himmelsrichtungen in unserem Wohnbereich zu stärken. Wir können uns jedoch auch dafür entscheiden, nur eine besondere Richtung zu unterstützen. Durch die Equilibrium-Flaschen haben wir die Möglichkeit, die in den vier Himmelsrichtungen verborgenen Energien anzuregen. Umgekehrt regen diese die in den Flaschen enthaltene Energie an und schaffen so eine Resonanzwirkung. Auf solche Weise könnten wir uns Eigenschaften und eine größere Feinfühligkeit wieder aneignen, die wir im Laufe der technologischen Entwicklung verloren haben. Es ist logisch, dass eine „Kraftpackung" wie eine Equilibrium-Flasche, die Energien von Mineralien, Pflanzen und Farben enthält, eine unterschiedliche Wirkung hat, wenn sie bewusst im Magnetfeld der Erde oder nur zufällig eingesetzt wird. Wenn man an jedem Kardinalpunkt die entsprechende Flasche aufstellt, kann man dadurch das Energiefeld eines Raumes oder eines Hauses sehr stark stabilisieren und aufladen. Wenn wir einen größeren Raum stabilisieren und aufladen wollen, sollten wir drei gleiche Flaschen für jeden Kardinalpunkt benutzen, wobei wir die Art ihrer Aufstellung frei wählen können - theoretisch könnten wir sie auch vergraben! Wir sind jedoch überzeugt, dass es nach der Philosophie von Aura-Soma für diese Flaschen eine besonders geeignete Aufstellung gibt, mit der man noch ein günstigeres Resultat erzielen kann.

Der erste Schritt besteht darin, die vier Kardinalpunkte eines Raums, einer Wohnung oder eines Hauses mit Hilfe eines Kompasses herauszufinden. Dann stellen wir an jedem Kardinalpunkt die Equilibrium-Flaschen auf. Wir können uns auch dafür entscheiden, in jedem Raum nur einen Kardinalpunkt zu aktivieren - die Auswahl hängt auch von der jeweiligen Nutzung des Raumes ab. Man kann auch jeden Kardinalpunkt mit der gleichen Flasche anregen. Dieses Feld lässt sehr viel Platz zum Experimentieren. Es ist sehr befriedigend, die Kommentare von Freunden über die Veränderungen eines Raumes zu hören, den wir einfach mit den Equilibrium-Flaschen an den Kardinalpunkten aufgeladen haben.

Sehen wir uns nun die einzelnen Equilibrium-Flaschen mit der entsprechenden Quintessenz in Beziehung zu jedem Kardinalpunkt an.

Norden: Flasche Nr. 54
Quintessenz Serapis Bey
Der Norden ist mit dem Kopf, der Weisheit, der Meditation und der Erleuchtung verbunden. Alle spirituellen Praktiken werden dadurch verstärkt, dass man sich nach Norden wendet. Daher sind zwei Flaschen Nr. 54 am Kardinalpunkt im Norden oder je eine an jedem anderen ideal für einen Meditationsraum oder einen Raum, in dem wir oft meditieren und nachdenken.

Süden: Flasche Nr. 4
Quintessenz Lao-Tse
Der Süden ist mit der Freude, dem Erfolg, der Sonne, der Kreativität und der Macht verbunden. Aktivitäten dieser Art werden verstärkt, indem man sich nach Süden wendet. Daher sind zwei Flaschen Nr. 4 am Kardinalpunkt des Südens oder je eine an jedem Kardinalpunkt ideal für einen Arbeitsraum, ein Atelier oder einen Raum, in dem wir oft Aktivitäten dieser Art nachgehen.

Osten: Flasche Nr. 5
Quintessenz Christus
Der Osten ist mit dem Anfang, der Erde und mit allen materiellen Dingen, einschließlich der Pflanzen und der Vegetation, verbunden. Daher sind zwei Flaschen Nr. 5 am Kardinalpunkt im Süden oder je eine an jedem der vier Punkte ideal für ein Arbeitszimmer, aber auch für eine Küche oder ein Krankenzimmer.

Westen: Flasche Nr. 9
Quintessenz Lady Nada
Der Westen ist mit der Liebe, der Expansion und dem spirituellen Wachs-

tum verbunden. Aktivitäten dieser Art werden verstärkt, wenn man sich dem Westen zuwendet. Daher sind zwei Flaschen Nr. 9 am Kardinalpunkt im Westen, oder eine an jedem der vier Punkte, ideal für ein Schlafzimmer, aber auch für ein Gewächshaus oder einen Meditationsraum.

Die Raum-Sprays von Aura-Soma

Mike Booth, der Leiter von Aura-Soma, hat viele kreative Ideen für den Gebrauch von Aura-Soma für die Umwelt entwickelt. Mit den Equilibrium-Flaschen für die Kardinalpunkte haben wir die entsprechende Quintessenz erwähnt. Bis vor kurzem wurden Pomander und Quintessenzen nur für unsere persönliche Aura benutzt, aber viele Personen, die Aura-Soma anwenden, haben sie auch für einen ganzen Raum eingesetzt, indem sie sie mit den Händen verteilten. Diese Methode war jedoch wenig wirksam, so dass mancher die Essenz mit Wasser verdünnt und mit einem Zerstäuber versprüht hat, was wiederum eine beträchtliche Verminderung für die Kraft der Essenz mit sich bringt. Daher erfand Mike Booth ein Spray, das die Anwendung von Pomandern und Quintessenzen im Inneren eines Raumes mit einer langfristigen Stabilisierung der Essenz ermöglichte. Diese Form der Anwendung wurde „Air Conditioner" (Raum-Spray) genannt. Sie erlaubt uns, die Essenzen für unseren Lebensraum auf optimale sowie sehr praktische und schnelle Weise zu nutzen. Wenn also im folgenden Text vom Gebrauch der Pomander und Quintessenzen im Raum die Rede ist, bezieht sich das auf ihre Anwendung durch den Air Conditioner. Wir haben für jeden Kardinalpunkt die entsprechende Quintessenz genannt. Um den Effekt einer Flasche zu verstärken, sollte man die geeignete Quintessenz in dem Ambiente benutzen, das man verbessern will.

Reinigung und Schutz
mit dem Pomander

Jeder bewohnte Raum sollte regelmäßig energetisch gereinigt werden. In der Antike geschah dies durch Räuchern oder geheime Formeln. Heute haben wir mit den Pomandern von Aura-Soma ein praktisches und sehr wirksames Hilfsmittel zur Hand. Der Bedarf an Reinigung ist je nach Art der Nutzung des Raumes sehr unterschiedlich. So sollte etwa ein Therapieraum oder Arztstudio nach jedem Klienten oder Patienten gereinigt werden, während ein Schlafzimmer jeden Tag, eine Garage vielleicht jedoch nur einmal im Monat gesäubert werden muss. Das Bedürfnis nach Reinigung hängt auch stark von der Sensibilität ab, die die jeweiligen Benutzer der Räume entwickelt haben. Die Methode ist einfach: Wir benutzen das Raum-Spray, um den Pomander so oft in einem Raum zu verbreiten, wie es uns richtig erscheint. Die Art der Schwingungen, von denen ein Raum befreit wird, ist ebenfalls sehr unterschiedlich. Für eine regelmäßige und tägliche Reinigung können wir sehr gut den Pomander verwenden, den wir bevorzugen. Wenn wir in Kontakt mit dem Publikum stehen, an unserem Arbeitsplatz zum Beispiel, sollen wir auf eine gezieltere Reinigung achten. Jeder Pomander verfügt über unterschiedliche Qualitäten und ist daher mehr oder weniger geeignet, eine spezielle Art der Energie zu reinigen. Sehen wir uns nun die wirksamste Anwendung jedes Pomanders für die Reinigung und den Schutz von Räumen und Energien an.

DER WEISSE POMANDER

Der weiße Pomander kann in jedem Raum angewendet werden, um die Atmosphäre zu reinigen, Licht zu bringen und die positiven Energien zu erneuern. Er ist harmonisch und ergänzt sich gut mit Quarz, daher ist er hilfreich beim Löschen alter Programmierungen. Aus diesem Grund wird er für Räume empfohlen, die lange Zeit von anderen Personen benutzt wurden und mit Gedankenformen aufgeladen sind, die nicht mit unse-

184

rer Energie im Einklang stehen. Im weißen Pomander sind alle Energien in perfektem Gleichgewicht enthalten. Er ist ideal für jede Art der Reinigung und sehr nützlich als Abwehr gegen die Verschmutzung der Atmosphäre. Er schützt in jeder Situation.

DER PINKFARBENE POMANDER

Pink steht für unsere Lebensgrundlage. Er verkörpert die Wärme und Fürsorge, die alles ermöglichen. Der pinkfarbene Pomander umgibt uns mit einer liebevollen Atmosphäre und hilft uns, das Beste in uns zu entfalten. Er dient besonders dazu, Gruppenenergien zu harmonisieren und Aggressivität zu neutralisieren. Er schützt besonders das Prinzip der Liebe, ist jedoch nützlich in allen Situationen. Der pinkfarbene Pomander ist mit der universalen, unbedingten Liebe verbunden. Liebe ist die Qualität, die auf diesem Planeten am meisten fehlt. Daher ist der pinkfarbene Pomander für jede Art von Raum nützlich, vor allem, wenn wir uns vor irgendeiner Art von Aggressivität schützen müssen.

DER RUBINROTE POMANDER

Dieser in der Welt der Mineralien angesiedelte Pomander arbeitet mit dem Basis-Chakra. Beide roten Pomander helfen dabei, sich nach Meditationen oder jedweder Art von Therapiesitzung wieder zu erden, weil rot die Erdenergie ist. Beide sind Energiespender und bringen bei Müdigkeit und Anstrengungen die körperliche Energie wieder in Form. Beide entfernen Spannungen aus dem elektromagnetischen Feld und erhöhen die physischen Widerstände gegen eventuelle Allergien. Der rubinrote Pomander dient zum täglichen Schutz und zur Auflösung von Energien auf der interpersonellen Ebene. Er neutralisiert darüber hinaus das Potential der negativen Energien, die sich tendenziell um heilige Orte ansammeln. Er ist mit der Erdenergie verbunden, bietet einen starken Schutz und begünstigt die Polarität.

DER ROTE POMANDER

Er ist ähnlich dem rubinroten Pomander, wirkt aber stärker und bietet starken Schutz vor negativen Energien. Er bietet eine sehr wirksame Abwehr gegen die negativen Energien, die das erste Chakra angreifen. Er hilft beim Erden und energetischen Aufladen. Der rote Pomander bietet einen stärkeren Schutz, weil er psychische und paranormale Aktivitäten neutralisiert. Er schützt auch vor umweltbedingtem Stress, negativen Linien und psorischem Wasser und hilft beim Ausgleich der durch einen dieser Faktoren gestörten Polarität.

DER ORANGE POMANDER

Durch den ätherischen Körper - mit dem orange verbunden ist - kann man einen Zugang zu den Erfahrungen der Vergangenheit und der Zukunft erhalten. Wenn man den orangefarbenen Pomander benutzt, wird der Zugang zu den Informationen möglich, die in den Erfahrungen der Vergangenheit enthalten sind. Der orangefarbene Pomander ist daher sehr nützlich, wenn man an der Befreiung von vergangenen Erfahrungen arbeitet. Er öffnet auf diese Weise die Pforten des Verstehens. Er dient außerdem dazu, alle möglichen emotionalen Aufladungen zu mildern und hilft, Wesenheiten und Gedankenformen zu befreien, die durch ihre eigene Unfähigkeit, sich loszulassen, auf dieser Ebene gefangen sind. Er ist eine wirksame Abwehr gegen alle Schocks, absorbiert alle Arten von Schocks und hilft beim Schließen der energetischen Öffnung, die durch sie entstanden ist. Er bietet eine besondere Unterstützung bei der Heilung der Aura.

DER GOLDENE POMANDER

Die Farbe Gold hilft uns, wieder von neuem in Kontakt mit unserer angeborenen Weisheit zu treten. Der goldene Pomander ist daher für

Räume geeignet, in denen Gruppen von Personen arbeiten oder in denen intensiv an der Selbsterkenntnis gearbeitet wird. Daher kann er für Tempel, Orte für Gruppenwachstum, Schulen, Kindergärten und Sportklubs nützlich sein. Gold ist mit der Nahrungsaufnahme und -verarbeitung verbunden. Es ermöglicht uns auch, die Welt, die uns umgibt, aufzunehmen, zu verarbeiten und zu verstehen. Der goldene Pomander gibt uns Energie für den physischen und mentalen Körper und Schutz für das innere Wissen.

DER GELBE POMANDER

Der gelbe Pomander bringt das Licht der Sonne. Er ist daher immer dann sehr nützlich, wenn das Sonnenlicht fehlt. Aber nicht nur das. Die Farbe Gelb verleiht Zugang zum Wissen, sie entgiftet und hilft bei vielen Situationen der Abhängigkeit. Das Gelb ist bei der Verarbeitung der in der Nahrung und im Wasser enthaltenen Energie wichtig. Es sind nicht nur die Speisen und das Wasser, die uns Nahrung spenden, sondern das gesamte Energiefeld der Umgebung, das wir in Form von „Prana" hauptsächlich durch unseren Solarplexus aufnehmen. Daher ist der gelbe Pomander geeignet für Orte, an denen intensiv geistig gearbeitet wird, aber auch für ein Esszimmer, eine Küche oder eine Mensa. Der gelbe Pomander beruhigt bei Nervosität und ängstlicher Spannung und ist daher auch gut für ein Wartezimmer geeignet.

DER OLIVGRÜNE POMANDER

Der olivgrüne Pomander gleicht die emotionalen Ebenen aus und lässt Ängste abfließen. Deshalb ist er sehr hilfreich bei der therapeutischen Arbeit mit Emotionen. Er ist daher auch für Räume geeignet, in denen sich Jugendliche aufhalten oder wo mit ihnen gearbeitet wird. Aber generell ist er sehr wirkungsvoll, wenn man Frieden in einen Raum bringen oder die weiblichen Energien verstärken will.

DER SMARAGDGRÜNE POMANDER

Alle grünen Pomander regen die Verbindung zwischen dem Leben und den inneren Gefühlen an. Sie sind daher nützlich in allen Räumen, in denen Emotionen Verwirrung oder Instabilität stiften können. Bei näherem Kennenlernen, Schwierigkeiten mit anderen Menschen oder Situationen der Konfrontation bringt der smaragdgrüne Pomander Klarheit im Ausdruck der eigenen Gefühle, besonders dort, wo diese von Repression oder Autorität unterdrückt worden sind. Daher ist der smaragdgrüne Pomander nützlich bei Konferenzsälen und in Gerichtssälen. Er schützt vor Umweltverschmutzung und desinfiziert, auch die feinstofflichen Körper. Er wird daher den Therapeuten empfohlen, um den Raum zwischen zwei Sitzungen zu desinfizieren, sich vor jedweder negativen Energie seitens der Klienten zu schützen und um ihnen zu helfen, einen Raum zu verlassen und einen anderen zu betreten. Der smaragdgrüne Pomander schützt den eigenen Raum und die eigene Wahrheit.

DER TÜRKISFARBENE POMANDER

Der türkise Pomander fördert die Kommunikation des Herzens; er hält ein inspirierendes Gespräch in Fluss und setzt die Kreativität frei. Daher ist er für alle künstlerischen Umgebungen nützlich und dort, wo Gruppenarbeit stattfindet. Der türkise Pomander schützt gegen Elektrosmog und hilft daher, eine gute Energie in Büros oder Räumen mit vielen Maschinen aufrecht zu erhalten. Er fördert die Unabhängigkeit und die Fähigkeit, Verantwortung für die eigenen Handlungen zu übernehmen. Daher hilft er beim Beginn einer neuen Karriere oder wenn man sich durchsetzen muss. Er verbessert die Kommunikation mit Kristallen und den Devas und fördert unsere Beziehung zu den Computern und der Silikon-Technologie. Er fördert außerdem die direkte oder indirekte (durch die Medien) Kommunikation zwischen dem einzelnen Individuum und einer Gruppe.

DER BLAUE POMANDER

Die blauen Pomander schützen die Kommunikation. Beide Pomander unterstützen die Kommunikation auf der höchsten Ebene der Liebe. Sie fördern die Inspiration und die Hingabe. Der blaue Pomander gewinnt daher eine sehr große Bedeutung in allen Räumen der Meditation, des Gebets, aber auch der öffentlichen Kommunikation, wie Radio- oder Fernsehstudios, Aulen, Schulen und Versammlungsräume. Der blaue Pomander erleichtert auch die Schaffung eines friedlichen Raumes im eigenen Herzen. Wenn wir friedlicher werden, werden wir auch lichter. Auf diese Weise verschwenden wir weniger Energien an unsere Sorgen, die wir dann zur Verfügung haben, um unsere verschiedenen Verpflichtungen zu erfüllen. Die blauen Pomander bringen uns in Einklang mit dem göttlichen Plan und schützen uns in der Kommunikation, die durch uns statt aus uns kommt.

Die blauen Pomander dient für die Reisen vom Leben zum Tode und zurück zum Leben. Sie helfen denjenigen, die an todbringenden Krankheiten im Endstadium leiden. Sie üben eine wohltuende Wirkung sowohl beim Lindern des Leids aus - indem sie für einen friedlichen Übergang sorgen - als auch bei der Zufuhr einer Heilenergie, die die Rückkehr in dieses Leben erleichtert. Sie helfen auch denen, die mit dem Tode und den Sterbenden arbeiten sowie den Rebirthern und Hebammen. Blau ist unsere gemeinsame Mutter. Der königsblaue Pomander wirkt auf das sechste Chakra. Er fördert die Entwicklung der höheren Geisteskräfte, wie Hellsichtigkeit, Telepathie oder andere. Er hilft bei inneren Reisen und ist daher für Orte geeignet, an denen damit gearbeitet wird.

DER SAPHIRBLAUE POMANDER

Der saphirblaue Pomander arbeitet in der gleichen Weise wie der blaue Pomander, ist jedoch eher mit der Kommunikation verbunden und weniger mit dem sechsten Chakra und den Aktivitäten, die damit zu tun haben. Der saphirblaue Pomander gehört zur Kehle und zum Schutz der

Kommunikation. Er wird daher zu einem wichtigen Hilfsmittel für Meister und Lehrende. Er fördert jedoch auch die Visionen und erleichtert den Brückenschlag zwischen dem Bekannten und dem Unbekannten und die Kommunikation mit höheren Wesenheiten. Er ist daher nützlich an allen „schamanistischen" Orten.

 ## DER VIOLETTE POMANDER

Der violette Pomander öffnet die Wahrnehmung und die Achtsamkeit der höheren Sphären. Er hilft uns dabei, uns mit unserer Mission und dem Zweck unseres Lebens zu verbinden. Er ist zutiefst mit dem Geist verbunden. Der violette Pomander unterstützt auf dynamische Weise den Entspannungsprozess; er ist daher bestens für Meditationen geeignet. Er beruhigt in jeder Situation, reinigt und heilt. Ideal ist er für Räume zum Meditieren und Kontemplieren.

 ## DER TIEFMAGENTAFARBENE POMANDER

Der tiefmagentafarbene Pomander vereint in sich die Qualitäten des roten und des violetten Pomanders. Daher ist er gleichzeitig energiespendend und beruhigend. Er wirkt heilend auf den Therapeuten. Er dient also denen, die alle ihre Energie den anderen gegeben haben und nun Heilung für sich selbst benötigen, indem er stärkende Energien in das Magnetfeld einführt. Er ist daher unverzichtbar für Therapeuten, Psychologen, Ärzte und alle die, die mit der Arbeit am persönlichen und spirituellen Wachstum anderer zu tun haben.

Der tiefmagentafarbene Pomander fördert alle Arten von Heilungsprozessen und das innere Wachstum. Er gleicht das weibliche Prinzip aus und ist daher besonders geeignet für tantrische Arbeit.

Die Quintessenzen

So wie die Pomander die Reinigung und den Schutz der Umgebung bewirken, können wir die Quintessenzen von Aura-Soma dafür benutzen, wohltuende oder höhere Energien einzuladen, mit denen wir in Kontakt treten möchten, die wir für unsere Arbeit, unsere Projekte, unser spirituelles Wachstum oder die Heilung nutzen wollen. Im Folgenden beschreiben wir die Eigenschaften jeder Quintessenz und wie wir sie in unserer Umwelt nutzen können.

DIE QUINTESSENZ EL MORYA

Die Schlüsselnote für El Morya ist „Dein Wille geschehe durch mich". Sie lässt uns einen Punkt in uns selbst erreichen, an dem die göttliche Macht sich durch uns verwirklichen kann. El Morya stimuliert das Gefühl des Einsseins mit allen Dingen. Diese Quintessenz ist ein Gegenmittel gegen die negative Bedeutung des Alleinseins: Vereint statt allein. Sie verstärkt die Willenskraft und hilft, in Harmonie mit dem zu gelangen, was man sich wirklich wünscht.

DIE QUINTESSENZ KUTHUMI

„Komm zu mir" ist eine Anrufung der positiven Energien der Zukunft. Sie ist mit dem Buddha Maitreya verbunden. Eine der wichtigsten Funktionen von Kuthumi ist die, den Menschen dabei zu helfen, ihren Platz im Reich der Engel und Devas zu finden. Damit wir den göttlichen Plan mit Hilfe unserer Intuition begreifen können, die aus den Engelsreichen kommt, und ihn durch den emotionalen Teil unseres Seins den Reichen der Devas mitteilen können, damit er auf der Erde Wurzel fasst. Ein gutes Beispiel für diese Rolle war Franziskus, der hauptsächlich mit der Energie von Kuthumi in Verbindung gebracht wird. Kuthumi öffnet uns für das Verständnis der Wissenschaft und der Zahlen; er steht dem Pythagoras nahe. Das intensive Gelb von Kuthumi richtet sich auf die erleuchtete Wissenschaft des Seins. Kuthumi bringt Energie und Bewusstheit aus der Welt der Tiere, Pflanzen und Mineralien und fördert die Kommunikation mit diesen Welten. Er hilft bei der Kommunikation mit den „Devas" und den Tiergeistern.

DIE QUINTESSENZ LADY NADA

Mit tiefer Liebe heilen. Die Negativität auf einer tiefen Ebene hinter sich lassen. Dieser Prozess erlaubt uns, eine freundlichere Antwort von Seiten des Universums zu erhalten, denn unsere Gedanken über uns selbst sind es, die unsere Wirklichkeit schaffen. Diese Quintessenz erhöht unsere Fähigkeit, in Beziehungen zu treten. Sie ist mit dem sechsten Chakra zwischen den Augenbrauen verbunden. Die innere Hochzeit zwischen dem Männlichen und dem Weiblichen, symbolisiert durch Christus bei der Hochzeit von Kanaa. Die Verwandlung von Wasser in Wein stellt symbolisch die Wahrheit dar, die zur lebendigen Erfahrung wird. Nada bedeutet im Sanskrit „Klang". Mit Lady Nada können wir die höheren Energien anrufen, die uns helfen, gehört zu werden.

DIE QUINTESSENZ HILARION

Der Weg, die Wahrheit und das Licht.
Der Weg. Wenn wir uns selbst besser kennen, wird unsere Richtung klarer. Die Wahrheit - wir bringen uns selbst zum Ausdruck. Das Licht - wenn das Niveau unseres Bewusstseins steigt, werden wir mit mehr Licht erfüllt. Hilarion schafft Platz für das Neue. Er hilft uns, von alten Identifikationen loszukommen, die wir nicht mehr benötigen, und gibt uns die Gelegenheit, nach unserer Erneuerung in die Gegenwart einzutreten. Er hilft dabei, sich vor der Umweltverschmutzung zu schützen und den Raum zu schaffen, den jeder benötigt, um er selbst sein zu können.

DIE QUINTESSENZ SERAPIS BEY

Karmische Absolution; aber nicht im Sinne von einer Verweigerung unseres Karmas, sondern indem wir unser Karma in einem neuen Licht sehen. Es schenkt uns die Gelegenheit, es zu heilen, anstatt es wie eine Last zu empfinden. Serapis Bey ist optimal für die Entgiftung auf allen Ebenen. Diese Quintessenz stellt symbolisch den Aufstieg zu Höherem durch die Reinigung der feinstofflichen Körper dar. Sie bringt uns ein tiefes Verständnis für Konflikte, Schmerz und Leid auf jeder Ebene. Besonders geeignet für einen Neuanfang.

DIE QUINTESSENZ CHRISTUS

Das Dunkelrot des Christus bringt aufopfernde Liebe, mit einer neuen Stufe der Fürsorge und Liebenswürdigkeit. Sie ist eine Quintessenz, die Energie zurückbringt und einen tiefen Schutz verleiht. Diese Quintessenz ist nützlich für diejenigen, die mit der „Polarity Therapie" arbeiten. Sie gleicht das weibliche mit dem männlichen Prinzip aus. Sie verstärkt die weibliche Emanzipation.

DIE QUINTESSENZ ST. GERMAIN

Die St. Germain-Quintessenz ist ein Katalysator, der negative Energien in positive transformiert. Sie ist optimal für die Heilung mit den Händen und hilft dabei, Abstand zu gewinnen und Raum in uns zu schaffen, womit sie den Energien ermöglicht, einfach durch uns hindurch zu fließen. Diese Quintessenz schwingt mit den Schlüsselworten der französischen Revolution: Freiheit, Gleichheit, Brüderlichkeit.

DIE QUINTESSENZ PALLAS ATHENE

Die Liebe und das Erwachen der Schönheit. Kommunikation der höchsten Wahrheit. Die Enthüllung dessen, was normalerweise verborgen ist. Sie dient dazu, die rechte Lebensart zu fördern und hilft uns, in Harmonie mit der Welt zu sein. Sie schenkt uns ein Bewusstsein des inneren Reichtums, den wir besitzen.

Diese Quintessenz hilft, die geeignete Energie in alle Dinge, ob große oder kleine, zu bringen, damit wir unsere inneren Qualitäten in unser Handeln einbringen können.

DIE QUINTESSENZ ORION & ANGELIKA

Zwei große Engel, die jeden Tag eröffnen und abschließen. Während Orion den Vorhang der Nacht schließt, öffnet Angelika das Morgenrot. Sie sammelt alle Unreinheiten ein und säubert auf einer tiefen Ebene von Negativität, wie der Morgentau jeden Morgen die Erde reinigt.

Für den Anfang und das Ende aller Projekte.

Um Licht in den astralen Körper zu bringen.

DIE QUINTESSENZ LADY PORTIA

Urteile nicht, damit du nicht beurteilt wirst. Für diejenigen, die hart mit sich selbst sind. Mitgefühl beginnt mit einer wirklichen Freundlichkeit mit sich selbst. Sie bringt Gerechtigkeit, Ausgeglichenheit und Unterscheidungsvermögen. Eine Situation klar zu sehen, um den richtigen Verlauf der Handlung zu erkennen. Hilft beim Klären von Ängsten und beim Ausschalten negativer innerer oder äußerer Schwingungen. Diese Quintessenz fördert die Zentrierung, verstärkt die unterscheidende Weisheit und hilft, das innere Gleichgewicht zu finden.

DIE QUINTESSENZ LAO-TSE

Sie hilft uns zu verstehen, was sich hinter einem Unwohlsein verbirgt. Diese Quintessenz befreit die Spannungen in Körper und Geist, löst sie auf einer tiefen Ebene auf.

Kwan Yin ist die chinesische Gottheit, die Reichtum und Mitgefühl bringt.

DIE QUINTESSENZ SANAT KUMARA

Das Mutter- und Vater-Prinzip auf höchster Ebene. Sanat Kumara und Lady Venus Kumara sind für den Einfluss aller Strahlen der Welt in diesem Moment verantwortlich. Wenn ihr also Zweifel habt, benutzt diese Quintessenz, um zu allen Strahlen Zugang zu finden.

Sie arbeiten auf der Basis des Gesetzes „Wie oben, so unten". Das Geheimnis des Universums befindet sich auch in uns. Diese Quintessenz hilft uns, Kontakt mit unserer tiefsten Innerlichkeit, dem Göttlichen Seelen-Funken, aufzunehmen. Sie lässt uns das Göttliche in den Alltag einbringen. Je bewusster wir werden, desto mehr können wir am göttlichen Prozess teilnehmen. Je mehr wir alte Drehbücher nachspielen, desto weniger Energie bleibt uns zur Mitarbeit.

DIE QUINTESSENZ MAHA CHOHAN

Der größte Lehrer, der einzige Meister, der sich nicht inkarniert hat. Der Lehrer der anderen Meister. Er hilft dabei, Gefühle auszudrücken, die ausgedrückt werden müssen.

Der Sucher nach der Wahrheit, nicht im narzisstischen Sinne, sondern im Sinne der Wahrheitsliebe. Die Verbindung mit den Außerirdischen und dem Raum. Er ermöglicht auch ein besseres Verständnis der Astrologie und des Esoterischen. Djwal Khul ist DK, der „Tibeter" in den Schriften von Alice Bailey, der zum Eintritt in die neue Psychologie verhalf.

Er fördert die spirituelle Suche und führt zum Verständnis des Raumes, der uns umgibt. Er ist vor allem für diejenigen geeignet, die mit Astrologie arbeiten.

Geomantie, Feng Shui und Aura-Soma

Auf dem Gebiet der Geomantie haben wir die Möglichkeit, die Umwelt um uns herum zu verbessern, sie unseren Bedürfnissen besser anzupassen und uns vor negativen Einflüssen zu schützen. Die Mehrzahl der Störungen, an denen wir heute auf dem Gebiet der Geomantie leiden, ist auf die Art der Häuser, in denen wir wohnen, oder die geologisch-energetischen Bedingungen, wie unterirdische Wasseradern, das Hartmannsche Netz, die Radioaktivität und Ähnliches, zurückzuführen.

Der wichtigste Platz, den es zu schützen gilt, ist unser Bett, weil wir hier die längste Zeit den gleichen Bedingungen ausgesetzt sind. Ein einfacher, aber sehr wirksamer Tipp: Stellt unter das Bett eine Schüssel mit Wasser, in der ihr drei Tropfen des roten Pomanders auflöst. Fügt alle zwei oder drei Tage neuen Pomander hinzu, damit die Mischung ihre Wirkung behält. Diese einfache und preiswerte Lösung kann schon einige der Probleme ausschalten, die mit geopathischen Situationen zu tun haben.

Auch für die Anwendung des Feng Shui kann Aura-Soma sich als hilfreich erweisen. Vor allem sollte man nicht den Schutz gegen negative Einflüsse vergessen, die von viel befahrenen Straßen, benachbarten Gebäuden, Nachbarn und anderen Ursachen kommen. Besonders wichtig sind dabei die Fenster. Zwei Flaschen an den Fensterecken können sehr hilfreich sein.

Die Nr. 6 als Schutz gegen jede Art von negativen Einflüssen, die Nr. 9 als Schutz gegen Neid, die Nr. 4, um die Verdienstmöglichkeiten zu verbessern, die Nr. 52, um eine liebevolle Atmosphäre in der Umgebung aufrecht zu erhalten. Um einen Raum oder ein Umfeld für den jeweiligen Zweck der Benutzung geeigneter zu machen, empfiehlt es sich, das Raum-Spray anzuwenden, mit dem gleichzeitig einige Equilibrium-Flaschen zum Schmuck des Raums aufgestellt werden können. Weitere Maßnahmen sollte man einer qualifizierten Person überlassen, die die entsprechende Ausbildung absolviert hat.[*]

---

[*] Empfehlenswerte Literatur: Reichlin/Ritzberger: Aura-Soma und Feng Shui, Grafing 2001

11. AURA-SOMA
UND ANDERE THERAPIEN

Eine der starken Seiten von Aura-Soma ist die Möglichkeit, es mit jeder anderen Therapie zu verbinden. In diesem Kapitel werden wir die häufigsten Fragen in Bezug auf die Verbindung von Aura-Soma mit anderen Therapien beantworten. Wir haben die hier behandelten Therapien unter dem Kriterium unserer eigenen Kenntnisse ausgewählt, da wir sie seit Jahren praktiziert oder gelehrt haben. Wir wollen diese Gelegenheit benutzen, um einige praktische Ratschläge zu geben, welche die Möglichkeiten der Nutzung von Aura-Soma noch erweitern. Natürlich können an dieser Stelle nicht die einzelnen Disziplinen im Detail beschrieben werden. Es lässt sich aber kurz andeuten, worum es sich bei ihnen handelt und wie sie mit Aura-Soma verknüpft werden können.

Aura-Soma und Affirmationen

Affirmationen sind positive Erklärungen. Sie helfen, unser Bewusstsein auf unsere Kräfte und Fähigkeiten zu zentrieren. Sie werden immer in der Gegenwart formuliert. Unsere Gedanken schaffen unsere Wirklichkeit. Wenn wir also mit einer gewissen Beständigkeit das wiederholen, was wir bestätigen wollen, beginnen wir, es als wahr zu empfinden.

Damit unsere Affirmationen Wirklichkeit werden können, ist es notwendig, dass wir sie konkret, genau, direkt und klar formulieren. Nur so versteht das Universum, was wir wollen. Oft ist es vorteilhaft, wenn wir sie nicht nur wiederholen, sondern auch aufschreiben.

Was die Benutzung von Affirmationen bei den Equilibrium-Flaschen betrifft, so ist es klar, dass man mit jeder Flasche eine Affirmation verbinden kann, denn jede einzelne Flasche gehört zu einer besonderen Thematik und arbeitet mit ihr. Generell orientieren wir uns folgendermaßen: Jede Aura-Soma-Flasche ist mit einem Namen und einem Titel versehen, die irgendwie mit ihren Wirkungen verbunden sind. Wenn es sich z.B. um eine „Engel-Flasche" handelt, befinden sich unter den Auswirkungen die Energien, über die sie verfügt. Natürlich bezieht dies auch den Schutz und die Verbindung mit den höheren Kräften mit ein. Wenn man also eine Affirmation formulieren will, die diese Wirkung bekräftigt und erhöht, könnte man sagen: „Die Engel schützen und leiten mich in meinem Leben."

Den gleichen Prozess kann man aber auch umgekehrt angehen. Wenn wir eine Affirmation gefunden haben, mit der wir arbeiten wollen, wie etwa: „Alle Arten von Reichtum werden mir geschenkt", könnten wir uns entscheiden, unsere Affirmation mit einer der Flaschen der Fülle und des Reichtums zu unterstützen, also den Nummern 4, 40, 41 oder 42. Dabei können wir beim Schreiben die Flasche in unserer Nähe aufstellen und dabei schweigend die Affirmation wiederholen und dazu die Flasche betrachten.

Aura-Soma und Allopathie

Allopathie ist eine Behandlungsart, in der zur Heilung der Krankheiten Mittel verschrieben werden, die im Widerspruch zur Natur und den Symptomen der Krankheiten stehen. Heutzutage ist die Allopathie zur offiziellen Medizin geworden. Der Gebrauch von pharmazeutischen Arzneimitteln aller Art ist in der ganzen Welt verbreitet. Obwohl allopathischen Mittel schwere Nebenwirkungen hervorrufen können, werden sie oft unterschiedslos bei Störungen verwendet, für deren Behandlung sie nicht einmal notwendig wären. Wenn man ein gefährdetes Gleichgewicht nur mit Hilfe von allopathischen Mitteln aufrecht erhalten kann, wie etwa bei Menschen, die Antibiotika, Rheuma-, Schmerz-, zytostatische und diuretische Mittel einnehmen müssen, dann ist die Situation des

Körpers schon sehr gefährdet oder verschlimmert. Ein gesunder Körper ist in der Lage, auf wesentlich subtilere Anregungen zu reagieren als auf die der allopathischen Mittel. Oft ist jedoch auch ihre Anwendung unverzichtbar und wir sollten froh sein, dass wir sie zur Verfügung haben. In diesen Fällen können wir dennoch die allopathische Behandlung mit Aura-Soma unterstützen. Die allopathische Therapie behandelt generell nur den physischen Körper oder jenen Teil des emotionalen oder mentalen Aspekts, der eine körperliche Entsprechung hat (Psychopharmaka). Mit Aura-Soma haben wir die Möglichkeit, auf verschiedenen Ebenen einzugreifen. Vor allem können wir dem Körper helfen, die chemischen Substanzen besser zu verarbeiten und zu vertragen, die er einzunehmen gezwungen ist. Zu diesem Zweck dient die Flasche Nr.4, von der ein wenig im Nabelbereich und auf dem Bauch aufgetragen wird. Ihre Wirkung kann durch den gelben Pomander und die Quintessenz „El Morya" verstärkt werden.

Manchmal hat ein Kranker auch Unterstützung in seiner physischen Energie nötig, etwa wenn er sich schwach fühlt. In diesem Fall können wir ein wenig von der Flasche Nr.6 zwei- bis dreimal am Tag auf die Beine verreiben. Bei körperlicher Zerschlagenheit kann man sich mit dem dunkelroten Pomander helfen. Eine weitere Möglichkeit zur Unterstützung ist die Behandlung des Chakras, in dessen Bereich das körperliche Problem liegt.

Außerdem ist es wichtig zu wissen, dass man während einer allopathischen Behandlung durchaus die vom Aura-Soma-Berater verschriebene Equilibrium-Flasche, den Pomander oder die Quintessenz weiter benutzen kann.

Wenn man allopathische Mittel einnimmt, sollte wenigstens die übrige Umgebung so natürlich wie möglich sein. Man kann daher den Raum-Spray benutzen, um das Umfeld energetisch rein zu halten, und man kann sich mit der grünen Blumen-Dusche waschen, die auf allen Ebenen bei der Entgiftung hilft.

Aura-Soma und die Anthroposophie

Die Anthroposophie ist eine philosophische Schule, die vom Leben und Werk des deutschen Philosophen Rudolf Steiner inspiriert ist. Steiners Gedanken stimmen in den Grundgedanken mit der Philosophie von Aura-Soma überein. Auch Steiner widmete sich intensiv dem Studium der Farben und der Interaktion zwischen den Farben und dem Menschen. Rudolf Steiner befasste sich mit sämtlichen Aspekten des menschlichen Lebens, einschließlich der Ökonomie, der Landwirtschaft und der Medizin.

Steiners Konzepte der Landwirtschaft sind heute für den biologischen Anbau zum Standard geworden. Fast alle großen und kleineren Biobauern halten sich inzwischen an die Regeln, die Steiner als erster vor mehr als einem halben Jahrhundert aufgestellt hat.

Auch in der Medizin hatte Steiner einen großen Einfluss, so daß es heute mehrere Hersteller gibt, die anthroposophische Mittel auf industrieller Basis produzieren, und eine anthroposophische Medizin, die über eigene Mittel und Behandlungsweisen verfügt.

Die Produkte von Aura-Soma lassen sich harmonisch mit den Konzepten und den Produkten der Anthroposophie verbinden.

Um Menschen bei ihrer Kur mit der anthroposophischen Medizin zu unterstützen, sollte man die Equilibrium-Flasche wählen, die keine starken, sondern zarte Farben enthalten. Der Patient kann mit den Mitteln unterstützt werden, die zu dem Chakra gehören, dem die behandelte Störung entspricht. Was die den Chakras zugeordneten Flaschen betrifft, so sind folgende zu empfehlen: 1. Chakra - Nr.59, 2. Chakra - Nr.87, 3. Chakra - Nr.51, 4. Chakra - Nr.53, 5. Chakra - Nr.50, 6. Chakra - Nr. 1, 7. Chakra - Nr.56.

Pomander und Quintessenzen sind für die Anthroposophie besonders geeignet. Man kann den Anthroposophen daher ihre Benutzung nur empfehlen.

Aura-Soma und Bioenergetik

In der Bioenergetik lässt man den Körper arbeiten - durch verschiedene Positionen und Übungen, die manchmal schmerzhaft, aber wirksam für die Auflösung von Spannungen, Kontraktionen und physischen oder geistigen Blockierungen sind, die wir seit unserer Kindheit aufgebaut haben, um uns vor den negativen Erfahrungen des Lebens zu schützen. Der Begründer der Bioenergetik, Alexander Loewen, ist ein außergewöhnlicher Mensch und ein Therapeut mit bemerkenswerten technischen und energetischen Fähigkeiten.

Wer mit der Bioenergetik arbeitet oder arbeiten möchte, kann dies positiv mit Aura-Soma verbinden. Aura-Soma arbeitet mit jenen Sphären des feinstofflichen Universums, mit denen man leider auch unter Zuhilfenahme der besten Therapien - einschließlich der Bioenergetik - nicht direkt arbeiten kann. Es ist von grundlegender Bedeutung, auf die subtilen Energien einzuwirken, wenn man einen vollständigeren und tieferen Heilungsprozess erreichen will.

Wer die Bioenergetik mit Aura-Soma vebinden will, sollte jedoch daran denken, zumindestens die rote Equilibrium-Flasche für die Beine zu verwenden, da sie beim Auflösen von Blockierungen helfen, oder die Nr. 26, die das Absorbieren von Traumata und Schocks erleichtert, oder die Nr.3, die Atlanter-Flasche, um das Herz zu stärken und zu weiten. Außerdem ist es immer empfehlenswert, die bioenergetische Arbeit mit dem Schutzritual der Pomander zu beginnen und mit der Anrufung der Quintessenz abzuschließen. Auch in diesem Fall, wie bei allen Verbindungen mit anderen Therapien, sollte man zunächst einen Aura-Soma-Berater aufsuchen; nicht nur, um eine größere Klarheit über die zu klärenden Themen und die zu heilenden emotionalen Verletzungen zu gewinnen, sondern auch, weil die Equilibrium-Flasche, die für die jeweilige Person am günstigsten ist, von ihr selbst in der Beratung ausgewählt werden kann. Die Benutzung der in einer Beratung gewählten Flasche ermöglicht jeder anderen damit verbundenen Therapieform, ihren Handlungsspielraum unglaublich weit auszudehnen.

Aura-Soma und Diäten

Normalerweise macht man eine Diät, um die Organe des Körpers ins Gleichgewicht zu bringen und sie zu entgiften - oder um abzunehmen. Es gibt sehr viele Arten von Diäten, etwa die des Mittelmeerraums, die vegetarische, die makrobiotische Diät, die Trennkost und viele andere. Üblicherweise empfinden wir das Bedürfnis nach einer Diät, wenn wir in unserem Körper innere oder äußere Überschüsse wahrnehmen, die auf eine unausgeglichene Ernährung zurückzuführen sind. Oft greifen wir auf Nahrung, Zigaretten oder Alkohol zurück, um uns seelisch zu ernähren, eine Leere auszufüllen, uns abzulenken oder uns zu desensibilisieren, weil wir weder Zeit noch die Fähigkeit haben, uns mit unserer Leere in Verbindung zu setzen. Normalerweise befindet sich in solchen Situationen das 2. Chakra im Ungleichgewicht. Es bedarf nur eines geringen Aufwandes, um wieder harmonisiert zu werden. Tatsache ist, dass man oft in solchen Momenten nicht die nötige Willenskraft hat, diese Arbeit anzugehen, also ist auch das 3. Chakra an dieser Disharmonie beteiligt. Manchmal hingegen isst ein Mensch zu viel, weil er sich müde und ohne Energie fühlt. Ein anderes Mal ist der Grund vielleicht, dass man versucht, sich mehr an die materielle Ebene zu binden. In allen diesen Fällen sollte man jedoch auf Aura-Soma zurückgreifen, um an den Ursprung des Ungleichgewichtes zu kommen, der, wie der Leser inzwischen weiß, in der Aura zu suchen ist.

Um Giftstoffe auszuscheiden, zu reinigen oder zur Drainage sind die besten Equilibrium-Flaschen die Nr. 4, 14, 18, 39, 41, 42, 51, 54, 70, 73.

Um die Willenskraft, besonders während einer Diät, zu stärken, sind die Flaschen Nr. 4 und 18 zu empfehlen.

Um uns bei Müdigkeit und Energiemangel zu helfen, sind die Equilibrium-Flaschen Nr. 5, 6, 19, 40 und 89 wichtig.

Für die Thematik des 2. Chakra sind die Nr. 23, 26, 72 und 87 geeignet. Letztere ist optimal zur Behandlung einer Zellgewebsentzündung.

Aura-Soma und Bach-Blüten

Edward Bach war ein genialer Arzt, der zu Beginn des letzten Jahrhunderts eine Therapieform entdeckte, die unter dem Namen „Bach-Blüten" bekannt wurde und heute in der ganzen Welt verbreitet ist. Inzwischen gibt es nicht nur Bach-Blüten, sondern auch andere „Blütenmittel", die aus Kalifornien, Australien, Alaska und sogar aus Sibirien kommen. Was wir im Folgenden zu den Bach-Blüten erläutern, gilt auch für diese anderen Blütenmittel. Die Funktionsweise der Bach-Blüten ist ebenso einfach wie genial. Bach füllte Blüten in ein Gefäß mit Wasser und stellte es vier Stunden lang in die Sonne. Anschließend wurde das so gewonnene Mittel verdünnt und war fertig. Noch heute werden die Bach-Blüten nach dieser Methode hergestellt. Bach sagte, in diesen Mitteln sei die spirituelle Essenz der Blüten enthalten, die mit bestimmten Leiden des Menschen in Verbindung steht und daher zu ihrer Heilung nützlich sein könnte. Bach hatte tatsächlich beeindruckende Erfolge mit seinen Blüten. Man sollte jedoch dabei nicht vergessen, dass er auch ein geborener Heiler war, der bereits mit der Verabreichung eines einzigen Blattes einer Pflanze eine Heilung herbeizuführen in der Lage war. Die „Bach-Blüten" dürften wohl hauptsächlich auf der astralen Ebene wirken. Sie haben keine direkte Beziehung zur physischen Ebene. Aura-Soma ist eine ideale Hilfe, um die Arbeit der „Bach-Blüten" auf der körperlichen und emotionalen Ebene zu unterstützen. Wenn man Aura-Soma mit den Blüten kombinieren möchte, sollte man eine umfassende Beratung durchführen. So kann der Klient auch die tieferen Ursachen seiner Probleme erkennen, was mit den Bach-Blüten nicht möglich ist.

Wer die Blüten, die er gerade einnimmt, auf eine einfachere Weise unterstützen will, dem raten wir, das vorrangig betroffene Chakra auf die in diesem Buch beschriebene Weise zu behandeln.

Es gibt keine direkte Beziehung zwischen den Flaschen und den einzelnen Blüten, jedoch sind sicher Entsprechungen auszumachen. Diese bieten dem spezialisierten Liebhaber dieser Therapieformen ein weites Feld für Experimente und Forschung.

Aura-Soma und Massage

Massage kann eine sublime Kunst und eine heilsame Medizin sein, wenn sie mit der geeigneten Kenntnis durchgeführt wird und, was noch wichtiger ist, mit einer fließenden und achtsamen Energie. Der Masseur sollte also als Persönlichkeit bereits einen gewissen Wachstumsprozess hinter sich haben. Aura-Soma in Verbindung mit der Massage kann sich als machtvoller Eingriff zur Entfernung von Blockierungen im Bereich des Körpers und des Geistes erweisen. Es kann ein Gleichgewicht wiederherstellen und ein neues spirituelles Bewusstsein schaffen. Die Ausführung ist einfach; man sollte einen Masseur seines Vertrauens mit den Flaschen aufsuchen, mit denen man im Moment arbeitet - den therapeutischen Equilibrium-Flaschen, dem zugehörigen Pomander und der Quintessenz. Man kann auch eine Flasche verwenden, die zu dem Chakra gehört, dessen Thematik man gerade unterstützen und reinigen möchte, sowie einen Pomander, dessen Schutz man wünscht, oder eine Quintessenz, um die spezifischen spirituellen Energien aufzuladen, die sie hervorruft. Vor dem Beginn der Massage sollte man seinem Masseur ihre Benutzung erklären.

Die wünschenswerteste Situation wäre es, wenn du zu einem Masseur mit der entsprechenden Ausbildung gehen könntest, der bereits über das komplette Aura-Soma-Set verfügt. Wer seinen Massage-Prozess mit Aura-Soma anreichern möchte, könnte so eine Beratung vom Masseur bekommen und eine Flasche des Chakra-Sets auswählen. Wenn der Masseur auch Aura-Soma-Berater ist, weiß er, wie er den Prozess integrieren kann. Ansonsten massiert er das Chakra mit dem Öl der gewählten Flasche, wobei er die Reinigung, den Schutz und die Aufladung der Aura nach den Hinweisen in diesem Buch beachten sollte.

Aura-Soma und die Homöopathie

Die Homöopathie ist ein Heilsystem, bei dem der Kranke in kleinster, extrem verdünnter und oft materiell nicht mehr nachweisbarer Dosis die gleichen Substanzen einnimmt, die in höherer Dosierung in einem gesunden Organismus den Ausbruch der Krankheit verursachen würden.

Aufgrund der fast völligen Kapitulation der offiziellen Medizin vor den chronischen Krankheiten und der zunehmenden Sensibilisierung des Patienten wächst die Homöopathie in allen technisch fortgeschrittenen Ländern der Welt in ständigem Maße an. Es gelingt ihr oft, schnell und ohne negative Folgen Krankheiten zu heilen, die andere Therapieformen nicht erfolgreich kurieren können. Die homöopathische Therapie zeigt keine Nebenwirkungen und ist daher für Kinder, Erwachsene und ältere Menschen besonders geeignet. Außerdem kann fast jede Krankheit mit Homöopathie behandelt werden, da sie in der Lage ist, das physische System wieder ins Gleichgewicht zu bringen. Daher hat die Homöopathie den gleichen Zweck wie Aura-Soma - das Gleichgewicht wiederherzustellen.

Die Homöopathie führt jedoch nicht zu einem spirituellen Wachstum des Menschen. Sie ermöglicht ihm auch nicht, die tieferen Gründe für die Störung zu erkennen, die die homöopathische Methode kuriert hat.

Auch in der homöopathischen Behandlung fehlt die Dimension der Bewusstheit, ohne die jedoch ein erhöhtes Risiko besteht, in der Zukunft andere Symptome zu produzieren, die wie die Körpersprache die Notwendigkeit einer Heilung der tieferen Dimensionen anzeigen.

Wenn wir Aura-Soma mit der Homöopathie verbinden, können wir ihr diese Dimension hinzufügen, die für eine Tiefenheilung unverzichtbar ist. Ohne der homöopathischen Behandlung irgendetwas wegzunehmen, etwas daran zu verändern oder zu modifizieren, wird der Patient zu einer Aura-Soma-Beratung eingeladen. Diese Beratung kann vom Homöopathen selbst oder einem außenstehenden Berater durchgeführt werden.

Nun kann der Patient die in der Beratung verschriebenen Mittel benutzen, um die homöopathische Behandlung zu unterstützen, was auch zu einer Beschleunigung des Heilungsprozesses beitragen könnte. Überdies beginnt der Patient an seinen Problemen und mit seinen Ressourcen auf einer bewussten Ebene zu arbeiten, womit er durch die Wirkung von Aura-Soma auf seine feinstofflichen Körper die Arbeit des homöopathischen Mittels erleichtert.

Aura-Soma und Operationen

Auch wenn zahlreiche Autoritäten auf dem Gebiet der Medizin behaupten, dass neunzig Prozent der Operationen überflüssig seien, sind wir oder unsere Lieben manchmal gezwungen, uns einem chirurgischen Eingriff zu unterziehen. Dieser chirurgische Eingriff ist für den Körper immer ein Trauma. Das gilt für jede Art des chirurgischen Eingriffs. Wir haben darüber bereits im Abschnitt zum 2. Chakra gesprochen. Wir können jedoch Aura-Soma benutzen, um uns, unsere Lieben oder unsere Klienten besser auf einen Eingriff vorzubereiten und den Schock nach der Operation zu lindern.

Als Vorbereitung ist es sehr nützlich, die Quintessenz „El Morya" oder auch St.Germain zu benutzen.

Auf der Equilibrium-Flaschen-Ebene empfehlen wir die Flaschen Nr. 9 oder 10, von denen ein wenig auf dem gesamten Bereich des Herzens und der Brust verrieben werden sollte.

Auch die Flasche Nr. 6 im Bereich der Beine kann helfen, wenn es sich um einen sehr schwierigen Eingriff handelt oder die Person sich in einem sehr geschwächten Zustand befindet.

Wir können auch die Flasche verwenden, die zu dem von dem Eingriff betroffenen Chakra gehört, um die Aura in dieser Zone zu stärken und zu schützen.

Nach der Operation ist es hingegen wichtig, vor allem den orangefarbenen Pomander und die Flaschen Nr. 26 oder 87 auf der gesamten linken Körperseite anzuwenden, um den erlittenen Schock zu lindern. Denn dieser Schock ist gespeichert. Auch wenn der Patient sich an nichts erinnern kann - der Körper erinnert sich an alles. Der orangefarbene Pomander und die Flasche Nr. 26 sollten wenigsten noch sechs Tage nach dem Eingriff angewendet werden. Danach kann man erneut den zum betroffenen Chakra gehörigen Pomander und eventuell die Equilibrium-Flasche Nr. 1 anwenden, um auch die physische Dimension zu heilen.

Aura-Soma und Rebirthing

Rebirthing ist eine Methode, bei der durch eine bestimmte Atmungstechnik die Verbindung zwischen dem Geist und dem Körper gefestigt wird. Durch die Atmung wird beim Rebirthing das Lösen von Emotionen ermöglicht, die seit langer Zeit im Körper unterdrückt wurden. Außerdem bringt es Sauerstoffzuwachs und den Gedanken eine neue Klarheit. Begründer dieser Therapieform ist Leonard Orr, ein großer „Reisender des Geistes".

Aufgrund unserer langjährigen Erfahrung in dieser Technik konnten wir bei ihrer Verknüpfung mit Aura-Soma einen Zuwachs in ihrer therapeutischen Wirksamkeit feststellen. Dank der von Aura-Soma enthüllten Farbstrahlen konnten wir unsere Rebirthing-Sitzungen und -Kurse mit einem Licht anreichern, das Blockaden zu überwinden vermochte, die bei den Suchenden verbreitet immer dieselben sind. Mit Aura-Soma konnten wir die ewigen Konflikte mit den Eltern, die unzähligen Verletzungen des ständig schlecht behandelten Kindes und die quälenden, endlosen Konflikte zwischen Mann und Frau überwinden. Dank des Duftes der Essenzen waren wir in der Lage, zum „Altar der Vergebung" vorzudringen, von dem aus wir frei und von den kosmischen Flügeln der Farben getragen unseren Flug zu anderen, viel älteren Kontinenten beginnen konnten, in denen unsere Lebensessenz sich manchmal mit „Ain Soph", der Ur-Flamme, verband.

Alle Pomander und Quintessenzen können vor und während einer

Rebirthing-Sitzung eingesetzt werden, bezogen auf die Themen, an denen man arbeiten oder die man nach der Sitzung auswerten will. Man sollte dabei nicht die grüne Essenz vergessen, denn sie ermöglicht eine Erweiterung der Atmung. Außerdem haben wir im Aura-Soma-System die Flasche Nr. 22, „Die Flasche des Rebirthers", die noch von Vicky Wall geschaffen wurde. Diese Equilibrium-Flasche ist besonders geeignet, jede Art von Prozess zu unterstützen, zu dem es in einer Rebirthing-Sitzung kommt. Sie dient auch dazu, auf dauerhafteren Ebenen das, was während des Prozesses verwirklicht und erreicht wurde, zu verwurzeln und zu integrieren.

Aura-Soma und Reiki

Reiki ist eine einfache und uralte Methode der Heilung, die mit den Händen ausgeführt wird. Man erhält dazu bestimmte Einweihungen, auch Aktivierungen genannt, die von einem Reiki-Meister vorgenommen werden. Nachdem der Meister die entsprechenden Einweihungen gegeben und die klassische Sequenz einer Reiki-Sitzung gelehrt hat, kann der Neuling beginnen, diese Technik an sich selbst und anderen zu praktizieren. Er wird sofort positive Ergebnisse erhalten, darf dabei jedoch nicht vergessen, dass er sich am Beginn eines Weges befindet, der ihn wahrscheinlich sehr weit von seinem Ausgangspunkt entfernen wird. Daher sollte er gerade deshalb demütig sein und mit der Arbeit an sich selbst fortfahren. Je mehr er mentale Identifikationen, physische und psychologische Blockierungen loslassen kann, je mehr er sich selbst reinigt, desto größer wird seine Fähigkeit, sich zu entspannen. Nur so wird er feststellen können, dass er nur ein Kanal ist, durch den die universale Energie des Lebens, das Reiki, vermittelt wird.

Als Reiki-Meister können wir bestätigen, dass die Verbindung von Aura-Soma und Reiki eine der erfolgreichsten ist. Während Reiki in einen Zustand der tiefen Entspannung versetzt, arbeiten die Farben und Essenzen an den subtilen Körpern und den Chakras des Menschen. Sie ermöglichen alten, schmerzhaften Erinnerungen, sich im Licht eines neuen Bewusstseins aufzulösen. Auf diese Weise fühlt sich der Körper fließender und das Herz erweiterter an. Alles in unserem Wesen wird darin unterstützt, jene Schönheit, jene Harmonie wiederherzustellen, die für jede Seele so anziehend ist.

Ideal ist es, wenn man die Quintessenz „Serapis Bey" vor jeder Einweihung und den weißen Pomander vor und während der Reiki-Sitzungen benutzt. Am Ende jeder Gruppen- oder Einzelsitzung mit Reiki empfehlen wir, den dunkelroten oder magentafarbenen Pomander zu benutzen, um die Rückkehr in die materielle Wirklichkeit zu erleichtern.

Aura-Soma und Schamanismus

Der Schamanismus ist die älteste Kunst der Heilung auf diesem Planeten. Heute ist diese Kunst jedoch in Gefahr. Es gibt immer weniger aktive Schamanen. Ihre Kultur ist vom Aussterben bedroht. Das alles geschieht, abgesehen von wenigen spektakulären Ausnahmen, wie den philippinischen Heilern oder Castanedas Don Juan, ohne Wissen des großen Publikums.

Heute erleben wir zum Glück in den industrialisierten Ländern eine Wiedergeburt des Schamanismus, eine Neubewertung der schamanischen Kunst und auch den Willen, zu erlernen, worum es sich handelt und welche Art von Lösungen er dem modernen Menschen bieten kann. Daher erleben wir eine neue Verbreitung des „modernen Schamanen" auch im Westen; aber natürlich auch das Aufleben vieler „moderner Scharlatane". Das war jedoch schon immer so. Man denke nur an den großen „Wunderheiler" in den Westernfilmen, der sich auf Haarkuren mit einem Wundertonikum spezialisiert hatte und jede Woche die Stadt wechseln musste, um sich in Sicherheit zu bringen!

Wir wissen sehr wenig über die schamanistische Heilung. Bekannte Fakten zeigen jedoch, dass einige Schamanen erfolgreich Menschen von Krankheiten heilen konnten, die von der westlichen Medizin für „unheilbar" erklärt worden waren. Vor allem bei Problemen psychischer Art können die Schamanen wahre Wunder vollbringen.

Ohne in die Details zu gehen, können wir sagen, dass das von Vicky Wall als „Flucht der Aura" bezeichnete Phänomen, das heißt, das Versetzen eines Teils des Bewusstseins der Person außerhalb des Körpers, in der schamanistischen Tradition längst wohlbekannt ist, vor allem bei den Indianern Nordamerikas. Diese sprechen nicht von der „Flucht der Aura", sondern von der „Flucht der Seele", die durch das Eingreifen des Schamanen wieder an ihren ursprünglichen Platz gebracht werden muss. Dieser Prozess kann durch die Benutzung der Flasche Nr. 26 und des orangefarbenen Pomanders erleichtert werden.

12. DER AURA-SOMA-LICHTSTRAHLER

Ein Heilinstrument der Zukunft

Der „Aura-Soma-Lichtstrahler" ist ein extrem wirkungsvolles Instrument, in dem sich die Energien der Aura-Soma-Substanzen mit den Energien von Farbe und Licht zu einer einzigartigen Symphonie der Heilung vereinigen - zur Heilung des gesamten menschlichen Wesens.

Wie so viele andere neue Instrumente und Techniken, die jetzt am Beginn des neuen Jahrtausends erscheinen, hat auch der „Aura-Soma-Lichtstrahler" die Aufgabe, schnell und nachhaltig das menschliche Wohlbefinden und Gleichgewicht wiederherzustellen. Auf einzigartige Weise haben wir aber mit dem Lichtstrahler die Möglichkeit, gleichzeitig auf die verschiedenen Seinsebenen des Menschen einzuwirken. Wir können also sowohl die grobstofflichen als auch die feinstofflichen Körper behandeln.

Wer dieses Buch bis hierher gelesen hat, dem ist bewusst, dass für eine vollständige und nachhaltige Heilung der ganze Mensch behandelt werden muss. Es reicht heutzutage nicht mehr aus, nur Pillen zu schlucken, nur die Hände aufzulegen oder nur Musik- und Tanztherapie durchzuführen. Gleichzeitig hat der moderne Mensch aber immer weniger Zeit, wobei keiner wirklich weiß warum, denn die ursprüngliche Idee war doch, dass alle diese Maschinen, die der Mensch erfunden hat, ihm helfen sollten, Zeit zu sparen! Bei den meisten Leuten steht das körperliche und spirituelle Wohlbefinden jedoch ganz am Ende der Einkaufsliste.

Es bedarf also immer mehr Methoden, die schnell wirken, möglichst viele Felder auf verschiedenen Bereichen abdecken und kostengünstig sind. Der „Aura-Soma Lichtstrahler" verfügt über diese Eigenschaften!

Was ist der Lichtstrahler?

Das Prinzip des Licht-
strahlers ist denkbar
einfach. Es handelt
sich um ein Taschen-
lampen-ähnliches In-
strument in das spezi-
elle Phiolen eingeführt
werden, die beleuchtet
werden und dadurch
farbiges Licht produ-
zieren. Die Phiolen,
die man für den Licht-
strahler benützt, wer-

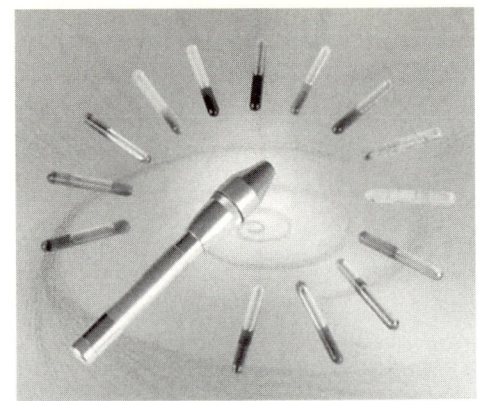

Der „Aura-Soma-Lichtstrahler"

den von Aura-Soma speziell angefertigt und enthalten genau die gleichen
Substanzen wie die Equilibrium-Flaschen. Das farbige Licht, das auf diese Art und Weise entsteht, ist in seiner Struktur und in seinen Effekten
mit keiner anderen Art von farbigem Licht vergleichbar.

Im Allgemeinen produzieren wir Farblicht dadurch, dass wir vor eine
weiße Lichtquelle einen Farbfilter halten, wie zum Beispiel in Kirchen-
fenstern oder Glühlampen. Dieser Farbfilter ist im Allgemeinen aus Glas,
manchmal auch aus Kristall, auf jeden Fall jedoch aus einem anorgani-
schen Material. Das auf diese Weise erhaltene Licht ist relativ „arm", was
die Varianz an Farblichtwellenlängen anbetrifft.

Mit dem „Aura-Soma-Lichtstrahler" dagegen erzeugen wir farbiges
Licht durch die lebenden Essenzen der drei Reiche, die in den Equilibrium-
Flaschen enthalten sind. Alle diese natürlichen Substanzen tragen auf
ihre individuelle Art zu der Gesamtfarbschwingung bei, und als Ergebnis
erhält man ein an Varianten und Variabilitäten außerordentlich „reiches"
Licht. Das heißt, das Farblicht wird durch all die Schwingungen der verschiedenen natürlichen Substanzen, die in den Equilibrium-Flaschen enthalten sind, extrem angereichert.

Die Erfahrungen, die bis heute in verschiedenen Ländern der Erde mit dem Lichtstrahler gesammelt wurden, zeigen, dass dieses extrem angereicherte Farblicht einen außerordentlichen Einfluss auf die verschiedenen Körper des Menschen hat.

Die Wirkung des Farblichts

Die Anwendung von farbigem Licht in der Heilkunst zählt gegenwärtig zu einem der aufregendsten Gebiete der medizinischen Forschung. Nicht nur im ätherischen und feinstofflichen Bereich, in dem wir mit Aura-Soma arbeiten, sondern vor allem auch im grobstofflichen, physischen Bereich.

Extrem interessante und vielversprechende Forschungen beschäftigen sich mit speziellen Substanzen, die „Porphyrin-Derivate" genannt werden. Dies sind Verbindungen, die chemisch auf Licht reagieren. Viele dieser Substanzen kommen natürlich im Körper vor. Die faszinierende Eigenschaft dieser Substanzen ist, dass sie spezifisch auf Licht bestimmter Wellenlänge reagieren. Licht bestimmter Wellenlänge ist nichts anderes als Farblicht einer gewissen Farbe.

In der Forschung beschäftigt man sich besonders mit einigen chemisch herstellbaren Substanzen, die spezifisch auf blaues, rotes oder grünes Licht reagieren. Doch wozu dies alles?

Das Besondere ist, dass man durch Bestrahlen mit Licht einer bestimmten Farbe eine harmlose Substanz in eine extrem aggressive Substanz umwandeln kann. Dies kann sich für verschiedene Krankheiten als extrem nützlich erweisen. Wie könnte man eine derartige Substanz in der Praxis anwenden? Betrachten wir als Beispiel einen Fall von Hautkrebs, heutzutage eine Krebsart, die stark zunimmt. Dies kann nicht verwundern, wenn weltweit alles Mögliche darangesetzt wird, den Ozonschutzmantel unseres Planeten, der die Krebs erregenden Strahlen abhält, so schnell und nachhaltig wie möglich zu vernichten. Um heute einen Hauttumor chemisch zu behandeln, muss der Schulmediziner den ganzen Körper mit hohen Dosen extrem toxischer Substanzen vergiften. Die Idee der Forschung ist nun, eine harmlose Substanz in den Körper einzuführen, die keinen Schaden anrichtet, und dann den Hauttumor vielleicht mit grünem Licht zu bestrahlen. Die ursprünglich harmlose Substanz wird durch das grüne Licht sofort in eine extrem aggressive Substanz umgewandelt, die beginnt, das Tumorgewebe zu zerstören. Wenn die Substanz den Tumor wieder verlässt, ist kein grünes Licht mehr da, und sie fällt sofort in ihren ursprünglichen, harmlosen Zustand zurück. Das ist nur eine der möglichen Anwendungen, zahllose weitere sind geplant. Ganz sicher ist es eine sehr elegante Methode und ein großer Fortschritt.

Was hat dies nun mit dem „Lichtstrahler" zu tun? Dieses Phänomen zeigt, dass sich auf physischer Ebene chemische Umwandlungen mit dem Farblicht erzeugen lassen, auch wenn diese Wirkungen mangels tieferer Kenntnisse der chemischem Prozesse im Körperinneren noch nicht erklärbar sind. Durch die Bestrahlung mit farbigem Licht werden jedoch zweifelsohne im Körper bestimmte chemische Prozesse angeregt, die, wenn man das farbige Licht am richtigen Ort und in der richtigen Art und Weise benützt, Heilungsprozesse anregen oder fördern können.

Aber der direkte Einfluss auf den physischen Körper ist wahrscheinlich doch der geringste Anteil der unglaublichen Ergebnisse, die bisher mit dem „Lichtstrahler" erzeugt werden konnten. Am stärksten ist ganz sicher der Einfluss, den das vom Lichtstrahler produzierte Farblicht auf die feinstofflichen Körper hat. Mit dem Lichtstrahler können Störungen im feinstofflichen Bereich direkt, gezielt und oftmals wesentlich schneller als mit irgendeiner anderen Methode, die Equilibrium Öle eingeschlossen, ausgeglichen und behoben werden.

Wie arbeitet man mit dem Lichtstrahler?

Es gibt viele verschiedene Möglichkeiten der Einflussnahme mit dem Lichtstrahler. Viel hängt davon ab, in welchem Abstand zum physischen Körper man arbeitet und an welchem Energiesystem man sich in der Behandlung orientiert. Es sollen hier nur beispielhaft einige Behandlungsmöglichkeiten genannt werden:

Chakra-Arbeit

Es lassen sich mit Hilfe des Lichtstrahlers Störungen auf der Chakra-Ebene direkt beheben. Wenn ein bestimmtes Chakra an Energiemangel leidet, wird sich dieser Energiemangel in konkreten Symptomen auf körperlicher, emotionaler und mentaler Ebene zeigen, die der Behandler, der mit dem Lichtstrahler arbeitet, kennen muss. Techniken, die speziell für den Lichtstrahler entwickelt wurden, erlauben dann, eine gezielte Behandlung dieses Chakras durchzuführen.

Mittels der richtigen Behandlung mit dem Lichtstrahler führt man dem Chakra nicht nur Energie zu, sondern sorgt auch dafür, dass dieses Chakra in Zukunft korrekt in den Chakra-Verbund eingegliedert ist und nicht mehr in eine Energieunterversorgung gerät.

Die gleiche Methode kann man anwenden, wenn man es mit einem Zustand zu tun hat, in dem ein Chakra einem Überfluss an Energie ausgesetzt ist, der wiederum zu ganz bestimmten Störungen und Symptomen führt, die das Wohlbefinden und Gleichgewicht der Person negativ beeinflussen.

Feinstoffliche Anatomie

Die Kenntnis der feinstofflichen Anatomie ist im Aura-Soma-System ganz besonders wichtig. Man muss wissen, was auf feinstofflicher Ebene passiert, wenn man mit den Aura-Soma-Substanzen arbeitet. Denn nur so können die Veränderungen, die im eigenen Dasein oder in dem der Patienten geschahen, richtig verstanden werden.

Im Allgemeinen bleibt die Kenntnis der feinstofflichen Anatomie leider jedoch nichts anderes als weiteres „Wissen" in der inneren „Bibliothek".

Mit Hilfe des Lichtstrahlers lassen sich, unter Anwendung eines systematischen und spezifischen, in der Praxis erprobten Systems, gezielt die einzelnen Strukturen der feinstofflichen Anatomie stärken und aktivieren. Die wahre Aura, das „Ananda Khanda Chakra" oder das Hara sind dadurch nicht mehr abstrakte Begriffe und Konzepte, sondern werden zu Meilensteinen, welche die Person, mit der wir arbeiten, auf ihrem spirituellen Weg direkt unterstützen. Das von den verschiedenen Phiolen geschaffene Farblicht stärkt auf individuelle Weise die Strukturen der feinstofflichen Anatomie, die am meisten von der momentanen Lebenssituation eines Patienten in Anspruch genommen werden. Wer je in der glücklichen Lage sein wird, mit dem Lichtstrahler eine technisch korrekt ausgeführte Behandlung der feinstofflichen Anatomie zu erhalten, wird bestätigen können, wie unglaublich tief und entspannend diese Art von Behandlung auf des gesamte psychophysische System wirkt. Man kann auf diese Art und Weise die direkte, persönliche Erfahrung der tiefen Verbindungen der feinstofflichen Anatomie mit dem SEIN erfahren.

Akupunktur-Punkte

Selbstverständlich kann man den Lichtstrahler auch dazu benutzen, um die seit Jahrtausenden bekannten Akupunktur-Punkte zu behandeln. Es ist sicher für den Behandelten angenehmer, sich mit Licht bestrahlen zu lassen, als von Nadeln gestochen zu werden. Man kann mit Hilfe des Lichtstrahlers sogar noch einen kleinen Schritt weiter gehen, hin zu einer sanften, nicht eindringenden und nachhaltigen Heilmethode.

Im Laufe der Arbeit mit dem Lichtstrahler hat sich gezeigt, dass bestimmte Punkte und Punktkombinationen besonders gut auf den Lichtstrahler reagieren. Außerdem stehen durch die vielen verschiedenen Farben und Phiolen noch wesentlich differenziertere Einflussmöglichkeiten zur Verfügung, die oft zu einem schnelleren und nachhaltigeren Erfolg führen, als es mit den Nadeln möglich gewesen wäre. Desweiteren, und das ist ein nicht zu vernachlässigender Vorteil, greift man mit dem Lichtstrahler nicht direkt in den Körper ein und vermeidet damit eine Fülle rechtlicher Probleme und anderer Risiken, die der Gebrauch von Nadeln mit sich bringt. Mehr und mehr Akupunkteure setzen daher den Lichtstrahler ein, nicht nur um die Nadeln zu ersetzen, sondern oft auch an Stelle eines Akupunktur-Lasers.

Spezielle lichtempfindliche Körperpunkte

Nicht erst seit den bekannten „Head'schen Zonen" des Mr. Head weiß man, dass die Haut des Menschen alles andere als einheitlich ist und an verschiedenen Stellen oft völlig unterschiedliche Eigenschaften aufweist.

Die Farblichttherapie ist ja nicht von Aura-Soma erfunden worden, sondern seit Jahrtausenden bekannt. Schon die alten Griechen, Chinesen und Ägypter benutzten farbiges Licht zur Heilung. Man weiß heute, dass verschiedene Zonen der Haut empfindlicher auf Farblicht reagieren als andere, und oft sind diese Zonen auch nicht in Übereinstimmung mit den bekannten Akupunkturpunkten.

Wenn man Kombinationen dieser lichtempfindlichen Bereiche mit den entsprechenden Farben behandelt, lassen sich oft ganz außerordentliche Heilerfolge erzielen.

Altägyptische Hieroglyphen-Therapie

Hieroglyphen stehen heute im Allgemeinen als Symbol für Mysterien und eine Kultur, die, wenn sie uns auch durch ihre enormen Bauten Erstaunen abringt, im Ende doch unverständlich bleibt. Wenn es heute auch gelungen ist, die Hieroglyphen zu entschlüsseln, so wissen wir doch auf konkreter Ebene sehr wenig von dem, was in Ägypten vor allem im esoterischen und Heilungsbereich vorging.

Tatsache ist, dass die Ägypter eine hoch entwickelte Heilkunst hatten, die in der Lage war, selbst neurochirurgische Operationen durchzuführen, nach denen der Patient noch viele Jahre weiterlebte.

In bestimmten ägyptischen Tempeln wurde dagegen eine sanftere Heilkunst betrieben, die sich vor allem mit der Anwendung farbigen Lichts beschäftigte. In diesen Tempeln kann man bei aufmerksamer Lesart der in den Tempelmauern verewigten Hieroglyphen feststellen, dass bestimmte Hieroglyphen und deren Kombinationen sich direkt auf den menschlichen Körper und seine eventuellen Störungen beziehen. Es ist erstaunlich, was passiert, wenn man diese Kenntnisse auf die Arbeit mit dem Lichtstrahler anwendet. Die Ägypter waren, bedingt durch ihr spezielles Glaubenssystem, Meister in der Behandlung von Störungen, deren Ursache weit vor dem jetzigen Erdenleben des Patienten lagen. Mit dem „Aura-Soma-Lichtstrahler" lässt sich dieses alte Wissen wieder aktivieren und man kann vor allem bei sehr hartnäckigen und tiefen Störungen oft ganz erstaunliche Ergebnisse erzielen.

Behandlung der Maya-Energietore

Auch von der Maya-Kultur sind beeindruckende architektonische Zeugnisse geblieben, aber leider weiß man auch hier recht wenig von den Heilmethoden, welche die Mayas konkret in der Bevölkerung anwendeten. Tatsache ist, dass die Maya nicht nur große Mathematiker waren und in gewissem Sinne als Erste das beschrieben, was Einstein später als Relativitätstheorie formulierte, sondern ein sehr tiefes Verständnis von dem hatten, was wir heute allgemein als „Energie" beschreiben. Für die Mayas war es sonnenklar, dass die Realität, die man heute als die 'Einzige' wahrnimmt, nur eine Realität von vielen Realitäten ist, die nebeneinander und gleichzeitig existieren. Daraus war nun auf konkreter Ebene zu folgern, dass der Mensch, um erfolgreich überleben zu können, ein Bedürfnis nach vielen verschiedenen Energien hat, die auch wiederum auf vielen verschiedenen Ebenen existieren.

Die Maya gehen davon aus, dass diese Energien durch bestimmte „Energietore" in den menschlichen Körper gelangen. Jedes einzelne Energietor hat bestimmte Funktionen und Korrespondenzen, und ein näheres Studium zeigt ganz erstaunliche Analogien - nicht nur mit den Equilibrium-Flaschen von Aura-Soma, sondern vor allem mit den Energien der Quintessenzen.

Durch verschiedene mehr oder weniger traumatische Gegebenheiten im Leben kommt es dazu, dass sich einzelne Energietore mehr oder weniger verschließen, was langfristig zu Störungen auf verschiedenen Ebene führen kann. Mit Hilfe des „Aura-Soma-Lichtstrahlers", in Verbindung mit den Quintessenzen, können hier die Energietore wieder geöffnet werden, und so lässt sich wieder ein harmonisches Gleichgewicht herstellen. Es besteht somit die Möglichkeit, unter Zuhilfenahme eines der ältesten und weisesten Heilsysteme der menschlichen Kultur, eine unglaubliche Aktivierung der verschiedenen menschlichen Lebenssphären zu erfahren.

Wo kann man den Lichtstrahler anwenden?

Mit dem Lichtstrahler arbeitet man im feinstofflichen, energetischen Bereich. Es sollte das ins Gleichgewicht gebracht werden, was die Störung, die jetzt auf körperlicher, emotionaler oder mentaler Ebene vorliegt, verursacht hat.

Die Arbeit mit dem Lichtstrahler kann daher jede andere Heilmethode direkt unterstützen, und man kann sagen, dass die Arbeit mit dem Lichtstrahler überall dort zu empfehlen ist, wo ein Ungleichgewicht vorliegt.

ANHANG

Der Gebrauch der Pomander

Gebt drei Tropfen auf die linke Handfläche, reibt sanft eure Hände gegeneinander und nehmt die Verbindung mit eurem Herzen auf.

Hebt eure Hände über den Kopf und teilt die Schwingung dieses Pomanders mit der Welt. Stellt euch dabei vor, dass die Energie aus der linken Handfläche herauskommt, den ganzen Planeten einhüllt und dann wieder durch die rechte Hand hereinkommt. Damit geben wir dem Planeten und allen seinen Bewohnern die Gelegenheit, ebenfalls von der Energie des Pomanders etwas zu empfangen, bevor wir ihn für uns selbst benutzen.

Verteilt sanft die Energie des Pomanders um euren Kopf, um den Hals und Nacken.

Legt eure offenen Handflächen vor dem Herzen zusammen und verweilt einen Augenblick in dieser Haltung; damit schenkt ihr dem Herzen und allen Personen, die ihr gern habt, Energie.

Verteilt weiter die Energie des Pomanders um den Brustbereich, den Bauch, das Becken und die Beine. Streckt eure Hände mit offenen Handflächen fast bis zur Erde hinunter; damit bringt ihr die Energie des Pomanders auch der Erde dar und bittet um Schutz und Erdung.

Zum Abschluss haltet die Hände mit offenen Handflächen vor eure Nase und atmet mindestens dreimal tief den Duft des Pomanders, die Energien des Knospen, der neunundvierzig Kräuter, des Lichtes und der Farbe ein.

Schlüsselbegriffe für die Pomander

RUBINROT:
Erdung, Schutz der Erdenergien, energetische Wiederaufladung.

ROT:
Erdung der Absichten, Schutz für alle Tage, Revitalisierung.

ORANGE:
Auflösung von Schocks. Hilft auf dem geistigen Pfad.

GOLD:
Befreiung von irrationalen Ängsten, Wiederverbindung mit der angeborenen Weisheit.

GELB:
Hilft gegen Nervosität und negative Gedanken, bringt den Glanz zurück.

OLIVGRÜN:
Reinigt und erfrischt die Räume.

SMARAGDGRÜN:
Hilft, den eigenen Raum zu finden und zum Herzen der Dinge zu gelangen.

TÜRKIS:
Kreative Kommunikation des Herzens und der Gefühle.

SAPHIRBLAU:
Kommunikation. Schutz vor Negativität und Leiden.

KÖNIGSBLAU:
Innerer Frieden, innere Vision.

VIOLETT:
Beruhigend und heilend; lässt sich optimal vor der Meditation einsetzen.

TIEFMAGENTA:
Verleiht dem Mitgefühl Energie; tiefe Heilung.

PINK:
Wärme und Heilung. Hilft, sich selbst zu lieben.

WEIß :
Bringt Licht und erneuert. Schenkt klare Wahrnehmung.

QUINTESSENZEN

Der Gebrauch der Quintessenzen

Die Quintessenz kann immer benutzt werden, um die Erweiterung des Bewusstseins zu fördern, um Kontakt zu inneren Lehrern herzustellen. Sie sind besonders nützlich in Situationen, die Geduld und Weisheit erforderlich machen.

Die Quintessenzen sind mit den Meistern verbunden, die uns auf unserem Weg des Wachstums und der Achtsamkeit begleiten. Das höchste Ziel des Aura-Soma-Systems ist das innere Wachstum, das uns nicht nur körperliches und geistiges Wohlbefinden bringt, sondern auch einen ausgeglichenen Verlauf unseres täglichen Lebens und unserer Beziehungen ermöglicht.

Gebt drei Tropfen auf euer linkes Handgelenk, reibt sanft eure Hände und nehmt Kontakt mit eurem Herzen auf.

Hebt nun die Arme über den Kopf und gebt der Welt die Schwingung der Quintessenz, wobei ihr euch vorstellt, dass die Energie aus der linken Handfläche herauskommt, den ganzen Planeten einhüllt und dann wieder durch die rechte Hand hereinkommt. Damit geben wir dem Planeten und allen seinen Bewohnern die Gelegenheit, von der Energie der Quintessenz etwas zu empfangen, bevor wir ihn für uns selbst benutzen.

Verteilt die Energie der Quintessenz nun sanft um euren Körper, wobei ihr die Arme kreuzt, als ob sie zwei groß Flügel wären.

Wenn ihr bei den Beinen ankommt, berührt ihr mit den offenen Handflächen fast den Boden und gebt so die Energie der Quintessenz auch an die Erde ab, wobei ihr um Schutz und Erdung bittet.

Kehrt mit einer Drehbewegung in Richtung eures Körpers wieder nach oben zurück.

Streckt von neuem eure Arme nach oben aus, um dem Universum Energie zu geben.

Zum Abschluss haltet ihr die Hände mit aneinander gelegten Handflächen vor das dritte Auge und berührt dabei die Stirn. In dieser Haltung atmet ihr mindestens dreimal den Duft der Quintessenz, die Energien der Knospen, der neunundvierzig Kräuter, des Lichtes und der Farbe ein.

Schlüsselbegriffe für die Quintessenzen

EL MORYA:	Dein Wille geschehe durch mich.
KUTHUMI:	Liebe-Weisheit; nährt die Kommunikation zwischen Engeln, Menschen und Devas.
LADY NADA:	Unbedingte Liebe.
HILARION:	Raum für Neues.
SERAPIS BEY:	Reinigung und Neubeginn.
CHRISTUS:	Energetisches Wieder-Aufladen, tiefer Schutz und Heilung.
ST. GERMAIN:	Heilung, Meditation, Transformation.
PALLAS ATHENE:	Kreativer Ausdruck der Liebe und Schönheit.
ORION UND ANGELIKA:	Für Neuanfänge, Abschlüsse und Schutz bei Reisen. Besonders gut gegen Jetlag.
LADY PORTIA:	„Urteile nicht". Klare Wahrnehmung führt zur richtigen Handlung.

LAO-TSE UND KWAN YIN:	Befreiung von der Vergangenheit. Mitgefühl in die irdischen Angelegenheiten bringen.
SANAT KUMARA:	Trägt das Göttliche in den Alltag, schaut in die Tiefe der Dinge.
MAHA CHOHAN:	Bringt das zum Bewusstsein, was gesagt werden muss, vom Standpunkt des Gefühls aus.
DJWAL KHUL:	Die Wahrheit suchen.

DIE EQUILIBRIUM-FLASCHEN

Wenn man eine Flasche für sich selbst benutzt, schüttelt man sie mit der linken Hand. Auf diese Weise schwingt die Flasche im Einklang mit der eigenen Energie. Sie sollte dann nicht von anderen geschüttelt werden.

Wenn man den Inhalt einer Flasche bei einer anderen Person anwenden will, schüttelt man sie mit der rechten Hand. So bleibt sie „neutral" und man kann sie bei einem anderen einsetzen.

Die Flasche wird folgendermaßen benutzt:

Man nimmt sie in die Hand, wie auf dem Bild (Abb. 6) und schüttelt die Flasche, bis sie völlig vermischt ist.

Dann trägt man die so erhaltene Emulsion auf den geeigneten Bereich auf und massiert so lange, bis sie absorbiert ist.

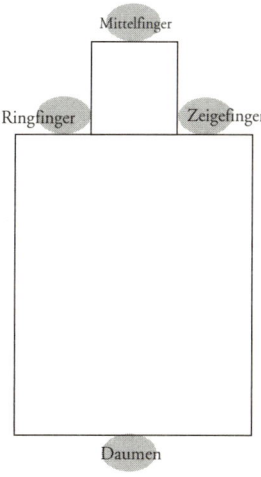

Abb. 6 • Wie die Flasche beim Schütteln gehalten werden sollte

Schlüsselbegriffe für die Equilibrium-Flaschen

b = Chakra Set • c= Set für die Kinder des Neuen Zeitalters • s = Meisterset

B0 KÖNIGSBLAU ÜBER TIEFMAGENTA / Spirituelles „Rescue"
Hilft, tiefe intuitive Einsichten ins praktische Leben zu bringen.

B1 BLAU ÜBER TIEFMAGENTA (b) / Körperliches „Rescue"
Kommunikation mit dem inneren Sein

B2 BLAU ÜBER BLAU (b) / Frieden
Friedliche Kommunikation, die weibliche Energie nähren.

B3 BLAU ÜBER GRÜN (b) / Atlanter-Flasche – Die Herzflasche
Die Kommunikation des Herzens fördern.

B4 GELB ÜBER GOLD (b) / Die Sonnen-Flasche/Das Licht der Sonne
Erkenntnis und Weisheit. Der Denker, der Student, der Lehrer.

B5 GELB ÜBER ROT (b) / Sonnenaufgang/Sonnenuntergang
Die Weisheit, über die eigenen Energien weise zu verfügen.

B6 ROT ÜBER ROT / Die Energie-Flasche
Wiederbelebung und Grundenergie für die Liebe.

B7 GELB ÜBER GRÜN / Der Garten von Gethsemane
Die Weisheit, sich dem Prozess des Lebens anzuvertrauen.

B8 GELB ÜBER BLAU / Anubis
Weisheit durch innere Kommunikation.

B9 TÜRKIS ÜBER GRÜN / „Das Herz im Herzen" Die Kristallgrotte
Das transzendentale Herz

B10 GRÜN ÜBER GRÜN / Geh, umarme einen Baum
Freiraum - gehe, umarme einen Baum.

B11 KLAR ÜBER PINK (c) / 1. Essener Flasche
Geistige Klarheit, um die innere Seele zu lieben.

B12 KLAR ÜBER BLAU (c) / Frieden in der neuen Zeit
Das Licht scheinen lassen auf das Nährende, die Kreativität und
die fruchtbare Fülle.

B13 KLAR ÜBER GRÜN (c) / Veränderung in der neuen Zeit
Erleuchtung des Herzens.

B14 KLAR ÜBER GOLD (c) / Weisheit des neuen Zeitalters
Klarheit der Gedanken, Weisheit des neuen Zeitalters.

B15 KLAR ÜBER VIOLETT (c) / Heilung im neuen Zeitalter
Die Seele erheben, reinigen und heilen.

B16 VIOLETT ÜBER VIOLETT (b) / Das violette Gewand
Zum eigenen Selbst und zum Dienst an sich selbst erwachen.

B17 GRÜN ÜBER VIOLETT / 1.Troubadour-Flasche
Neubeginn für die Spiritualität.

B18 GELB ÜBER VIOLETT / 1. Ägyptische Flasche
Der spirituelle Meister; die Weisheit besitzen, die innere Heilung zu finden.

B19 ROT ÜBER VIOLETT / In der materiellen Welt leben
Regeneration - wir erneuern unsere Körper, indem wir unseren Geist
erneuern.

B20 BLAU ÜBER PINK (b/c) / Sternenkind -"Erste Hilfe"
Intuitive Liebe, Kommunikation der nichtbedingten Liebe.

B21 GRÜN ÜBER PINK / Neubeginn für die Liebe
Neuer Raum für eine neue Richtung.

B22 GELB ÜBER PINK / Der Rebirther
Neue Perspektive. Wiedergeburt.

B23 ROSENPINK ÜBER PINK / Liebe und Licht
Weisheit und Verständnis, um die Liebe in uns zu finden.

B24 VIOLETT ÜBER TÜRKIS / Neue Botschaft
Die Kommunikation des Geistes durch das Herz.

B25 ROTVIOLETT ÜBER MAGENTA / Rekonvaleszenz-Flasche/
Florence Nightingale
Pioniergeist - Suche nach der spirituellen Erkenntnis.

B26 ORANGE ÜBER ORANGE (b)
Ätherische Erste Hilfe/Humpty Dumpty
Wiederherstellung. Löst Schocks auf. „Ätherisches Rescue".

B27 ROT ÜBER GRÜN / Robin Hood
Ansteckender Enthusiasmus für das Leben.

B28 GRÜN ÜBER ROT / Maid Marion
Energie, um den eigenen Raum zu finden. Der Pionier.

B29 ROT ÜBER BLAU / Stehe auf und wandle
Die rechte Art der Aktivität führt zu Harmonie und Frieden.

B30 BLAU ÜBER ROT / Den Himmel auf die Erde bringen
Der Himmel auf Erden. Lebensqualität.

B31 GRÜN ÜBER GOLD / Die Fontäne
Selbsterkenntnis – durch die Entdeckung des eigenen Raums.

B32 KÖNIGSBLAU ÜBER GOLD / Sophia
Gute Nachrichten für die Zukunft.

B33 KÖNIGSBLAU ÜBER TÜRKIS / Delphin
Frieden mit der eigenen Bestimmung
Innere Erkenntnis. Kommunikation des Herzens.

B34 PINK ÜBER TÜRKIS / Die Geburt der Venus
Zugang zu den versteckten Geheimnissen des Lebens und der Liebe.

B35 PINK ÜBER VIOLETT / Freundlichkeit
Dienen mit nichtbedingter Liebe - Liebe von oben.

B36 VIOLETT ÜBER PINK / Nächstenliebe
Freundlichkeit im Dienen, Mitgefühl und Verständnis.

B37 VIOLETT ÜBER BLAU / Der Schutzengel kommt auf die Erde
Nähren und schützen. Ausgewogene Kommunikationsfähigkeiten.

B38 VIOLETT ÜBER GRÜN / 2. Troubadour-Flasche
Unterscheidung - Gleichgewicht zwischen Bewusstem und Unbewusstem.

B39 VIOLETT ÜBER GOLD / 2. Ägyptische Flasche
Erkenntnis und Dienen - Mitgefühl und Verständnis.

B40 ROT ÜBER GOLD / „Ich bin"
Energie, um Selbsterkenntnis zu finden. Aktivitäten, die zu Wachstum führen.

B41 GOLD ÜBER GOLD
Die Flasche der Weisheit - El Dorado
Der überfließende Kelch. Quintessenz der Weisheit auf allen Ebenen.

B42 GELB ÜBER GELB / Die Ernte
Freude, Weisheit, Glück, Segen und Erwachen.

B43 TÜRKIS ÜBER TÜRKIS / Kreativität
Kommunikation mit dem Herzen - vertrau deiner Seele.

B44 VIOLETT ÜBER BLASSBLAU / Der Schutzengel
Lila als Flamme der Transformation, blau als absoluter Schutz.

B45 TÜRKIS ÜBER MAGENTA / Atem der Liebe
Das Bedürfnis und die Gabe, Liebe zu besitzen und zu schenken.

B46 GRÜN ÜBER MAGENTA / Der Wanderer
Die Entdeckung der inneren Kraft und Liebe.

B47 KÖNIGSBLAU ÜBER ZITRONENGELB / Die alte Seele
Die Zeit, neue Ziele zu formulieren.

B48 VIOLETT ÜBER KLAR / Flügel der Heilung
Spirituelle Reinigung. Zeit, nach innen zu schauen.

B49 TÜRKIS ÜBER VIOLETT / Neuer Bote
Geistige Flexibilität durch innere Kommunikation.

B50 HELLBLAU ÜBER HELLBLAU (s) / El Morya
Die Kraft hinter dem Thron des Bewusstseins.

B51 HELLGELB ÜBER HELLGELB (s) / Kuthumi
Intellektuelle Forschung und Erwerben von Weisheit

B52 HELLPINK ÜBER HELLPINK (s) / Lady Nada
Spirituelles Wachstum durch die Fähigkeit zur unbedingten Liebe.

B53 HELLGRÜN ÜBER HELLGRÜN (s) / Hilarion
Reines Herz. Erholung.

B54 KLAR ÜBER KLAR (s) / Serapis Bey
Die Macht des Lichtes. Das sich ausweitende Bewusstsein.

B55 KLAR ÜBER ROT (s) / Christus
Licht und Inspiration kommen in die physische Welt.

B56 HELLVIOLETT ÜBER HELLVIOLETT (s) / St. Germain
Auf den Pfaden der höchsten Ordnung wandeln.

B57 HELLPINK ÜBER HELLBLAU (s) / Pallas Athene
Lasse los und vertraue. Persönliche Unabhängigkeit.

B58 HELLBLAU ÜBER HELLPINK (s) / Orion und Angelika
Mütterliche, väterliche und spirituelle Liebe.

B59 HELLGELB ÜBER HELLPINK (s) / Lady Portia
Gelegenheit zu großer Freude und tiefem Glück.

B60 BLAU ÜBER KLAR (s) / Lao-Tse und Kwan Yin
Sei still und „wisse", wer du bist!

B61 HELLPINK ÜBER HELLGELB (s)
Sanat Kumara und Lady Venus Kumara
Wie oben, so unten.

B62 HELLTÜRKIS ÜBER HELLTÜRKIS (s) / Maha Chohan
Das Meer des reinen, universellen Bewusstseins.

B63 SMARAGDGRÜN ÜBER HELLGRÜN (s)
Djwal Khul und Hilarion
Neubeginn bringt Gleichgewicht und Gerechtigkeit.

B64 SMARAGDGRÜN ÜBER KLAR (s) / Djwal Khul
„Ich bin der Weg, lauscht mir und folgt mir nach."

B65 VIOLETT ÜBER ROT
Den Kopf im Himmel und die Füße auf dem Boden haben
Das „Ich bin" kommt auf die Erde. Transformation.

B66 HELLVIOLETT ÜBER HELLPINK / Die Schauspielerin
Liebe, die keine Bedingungen stellt im Dienst an den anderen.

B67 MAGENTA ÜBER MAGENTA / Göttliche Liebe
Liebe zu den kleinen Dingen.
Die göttliche Liebe verschmilzt mit dem Dienen.

B68 BLAU ÜBER VIOLETT / Gabriel
Frieden und Erfüllung. Spirituelle Unterscheidung.

B69 MAGENTA ÜBER KLAR / Die klingende Glocke
Gereinigte Wünsche. Die Antriebskraft der Liebe.

B70 GELB ÜBER KLAR / Vision von Pracht
Licht in den astralen Nebel hinein scheinen lassen.

B71 PINK ÜBER KLAR / 2. Essener-Flasche / Das Juwel im Lotos
Erweiterung des Bewusstseins durch die grenzenlose Kraft der Liebe.

B72 BLAU ÜBER ORANGE / Der Clown
Die inneren emotionalen Bedürfnisse mitteilen und nähren.

B73 GOLD ÜBER KLAR / Chang Tsu
Weisheit aus der Tiefe des Selbst.

B74 HELLGELB ÜBER HELLGRÜN / Triumph
Gerechtigkeit durch Gleichgewicht.

B75 MAGENTA ÜBER TÜRKIS / Mit dem Fluss gehen
Ein Wechsel in der Perspektive.

B76 PINK ÜBER GOLD / Vertrauen
Die Weisheit der Vergangenheit, ausgedrückt durch die Liebe, die keine
Bedingungen stellt.

B77 KLAR ÜBER MAGENTA / Der Kelch
Manifestation von Liebe und Licht, physische Vollkommenheit.

B78 VIOLETT ÜBER TIEFMAGENTA / Kronen-Chakra "Erste Hilfe"
Friedliebend und verlässlich.

B79 ORANGE ÜBER VIOLETT / Die Vogel-Strauß-Flasche
Tiefe Heilung aus dem Inneren heraus, für eine Schocksituation.

B80 ROT ÜBER PINK / Artemis
Energie zum Lieben und Befreien. Die Flasche des Loslassens.

B81 PINK ÜBER PINK / Liebe, die keine Bedingungen stellt
Mitgefühl und Verständniss. Bedürfnis nach Liebe.

B82 GRÜN ÜBER ORANGE / Calypso
Der Freiraum, um sich mit der inneren Verwirklichung zu
verbinden. Tiefer Segen aus dem Herzen.

B83 TÜRKIS ÜBER GOLD / Sesam öffne dich
Die Weisheit des Herzens.

B84 PINK ÜBER ROT / Kerze im Wind
Mitgefühl für die innere Leidenschaft. Der tiefe Wunsch, sich um andere
zu kümmern.

B85 TÜRKIS ÜBER GOLD / Titania
Kommunikation in einer neuen Zeit. Erleuchtung.

B86 KLAR ÜBER TÜRKIS / Oberon
Ein Kanal für die kreative Kommunikation des Herzens.

B87 KORALLE ÜBER KORALLE / Liebe – Weisheit
Weisheit auf allen Ebenen. Unerwiderte Liebe.

B88 GRÜN ÜBER BLAU / Der Jade-Herrscher
Kommunikation von Frieden durch Gefühle.

B89 ROT ÜBER TIEFMAGENTA / Energie-"Notfallöl"
Die Zeitenwende.

B90 GOLD ÜBER TIEFMAGENTA / Weisheits-"Notfallöl"
Tiefe Heilung in Bezug auf die alte Weisheit.

B91 OLIVGRÜN ÜBER OLIVGRÜN / Weibliche Führungskraft
Die Lektionen des Herzens.

B92 KORALLE ÜBER OLIVGRÜN / Gretel
Unabhängigkeit des Weiblichen. Kooperation statt Konkurrenz.

B93 KORALLE ÜBER TÜRKIS / Hänsel
Kollektive Kommunikation der Liebe und Weisheit.

B94 HELLBLAU ÜBER HELLGELB / Erzengel Michael
Mitgefühl und Enthüllung.

B95 MAGENTA ÜBER GOLD / Erzengel Gabriel
Liebe aus lichten Sphären.

B96 KÖNIGSBLAU ÜBER KÖNIGSBLAU / Erzengel Raphael
Die höheren geistigen Funktionen. Aufbauende Kräfte.

B97 GOLD ÜBER KÖNIGSBLAU / Erzengel Uriel
Der Inkarnationsstern verbindet sich mit den höheren
geistigen Funktionen.

B98 (HELLVIOLETT)LILA ÜBER KORALLE / Erzengel Sandalphon
Umwandlung von Negativität auf allen Ebenen.

B99 HELLOLIVGRÜN ÜBER PINK / Erzengel Zadkiel
Ein Schritt in den Strom des Lebens.

B100 KLAR ÜBER TIEFMAGENTA / Metatron
Das Licht in der Dunkelheit erhellt die Schatten.

B101 HELLBLAU ÜBER HELLOLIV / Erzengel Jophiel
Das Licht tritt ins Herz ein; und das Herz erhält eine neue Schwingung.

magic inline

Bücher
AURA-SOMA

Hanni Reichlin/ Gerald P. Ritzberger • Aura-Soma und Feng-Shui
ISBN 3-89427-161-2, Gebunden, vierfarbig

Mike Booth • Das Aura-Soma Handbuch
ISBN 3-89427-151-5, Gebunden, vierfarbig

Mike Booth • Das Aura-Soma-Tarot
Das Buch • ISBN 3-89427-093-4, Gebunden
Das Karten-Deck • ISBN 3-89427-092-6

Anita Bind-Klinger • Die Aura-Soma-Meisteressenzen
ISBN 3-89427-076-4, Paperback

Anita Bind-Klinger • Aura-Soma, Bach-Blüten und Reiki
ISBN 3-89427-104-3, Paperback

Christine Mill • Aura-Soma für Kinder
ISBN 3-89427-142-6, Paperback

Philippa Merivale • Die Aura-Soma-Farbtherapie
ISBN 3-89427-0116-7, Paperback

Marlies Willing • Aura-Soma – Der Weg des Herzens
ISBN 3-89427-134-5, Gebunden

Bücher